대기업 다니는
워킹맘,
인플루언서 되다

꼬미홈 지음

인생의 다음
스테이지에서
살아남기 위한
K 워킹맘 성장기

아이 둘을 키우며 일도 하고 있지만 썩 나쁘지 않은 일상을 보내고 있는 대한민국 워킹맘이 있다. 아침 일찍 주 3회 소아과 방문을 하는 게 일상이지만 매일 최선을 다하며 살고 있다. 평범한 날이 계속되던 어느 날, 청력에 문제가 생겼다. 갑작스럽게 건강을 잃게 되면서 평화롭던 일상에 적신호가 켜지게 되고 '마음속 퇴사'를 준비하게 된다. 무너진 건강 앞에 내가 지나온 길과 앞으로 나아갈 길을 생각해 본다. 나 자신을 위해 더욱 가치 있는 날들을 보내보기로 한다. **아이들을 잘 키우면서 내가 하고 싶은 것들도 잘 해내고 싶다.** 나는 이제 조금 다른 삶을 살아보기로 했다. 나를 위해 그리고 우리 가족을 위해서.

이 책을 추천드려요

- 아이를 키우는 **워킹맘**이라면 **성장의 원동력**을 얻어 갈 수 있는 책
- 일하는 것 외에 내가 **할 수 있는 것**이 무엇인지 잘 모르겠다면 참고할 수 있는 책
- 아이를 잘 키우면서 **일도 하고 싶고, 공부도 하고 싶은 부모**라면 공감할 수 있는 책
- 인생의 큰 고비를 겪었을 때 **다시 일어날 수 있는 희망**을 느끼게 하는 책
- **회사를 짝사랑**하고 있는 것 같은 느낌이 든다면 위로받을 수 있는 책
- **세컨드 라이프, 인플루언서 세계**에 관심이 많다면 노하우와 경험을 얻어 갈 수 있는 책

STAGE

@kkomi_home_
꼬미홈

들어가며

대한민국 워킹맘 워킹대디
세컨드 라이프를 위하여

"언니는 어떻게 그렇게 하고 싶은 것을 찾았어?"
"내 친구지만 널 존경해."
"어떻게 하면 그렇게 추진력 있는 인생을 살아갈 수 있는 거야?"

그다지 특별한 것 없던 나의 인생에 관심을 가지고 존경한다며 엄지척해 주는 지인들이 생겼다. 그리고 나의 변화와 성장을 응원해 주던 사람들이 나의 인생에 대해 묻기 시작했다. 지극히 평범한 인생을 살고 있다고 생각했으나 수많은 선택에 따라 바뀌어 가는 나의 상황이 주변 사람들에게 흥미로운 주제가 된 것 같다. 아주 간혹 나로부터 긍정적인 영향을 받고 좋은 기운을 받아 살아간다는 말을 들을 때면 함께 성장하는 기분이 들어서 좋았다. 그때부터였던 것 같다. 이 책을 쓰기로 마음먹은 시점이…. 나의 이야기와 생각을 궁금해하는 사람들에게 우스갯소리로 돈 내고 들으라고 한 적도 있다. 정말 돈 내고 이야기를 읽어야 하는 날이 왔다는 게 참 흥미롭다.

　대학교 졸업을 앞두고 휴식차 유럽 여행을 떠난 적이 있다. 그곳에서 갑자기 잡힌 예정에 없던 마지막 임원 면접 소식에 급한 대로 런던 게스트하우스 주방에서 화상 면접을 보았다. 여유와 휴식을 찾고자 떠난 첫 유럽 여행도 여느 날과 다름없던 긴장감의 연속이었다. 합격 소식을 듣고 한국에 돌아오자마자 쉴 틈 없이 짐을 챙겨 신입 사원 연수를 떠났다. 그리고 멈춤 없이 달리던 날이 모여 어느덧 십여 년의 시간이 흘렀다. 이제는 네 가족을 이룬 평범한 대한민국 워킹맘의 모습을 가진 '정 과장'이 되었다. 한 직장에서 오래 일을 하다 보니 일도 제법 익숙했기에 모든 생활이 무난했다. 일도 가정도 문제없이 순항하고 있다고 생각했다. 그러나 평화는 오래 가지 못했다.

　너무 열심히 살아왔던 걸까? 야속하게도 갑작스러운 질병을 겪게 되어 잘 다니고 있던 회사에서 퇴사를 생각하게 되었다. 언젠가 퇴사할 수도 있겠다고 생각은 했지만 이렇게 빨리 그 시기가 올 줄은 몰랐다. 나와 가정을 위한 세컨드 라이프를 준비해야 했다. 까맣게 타들어 가는 마음이었지만 내가 가장 좋아하고 잘하는 것들을 떠올리며 내가 걸어온 길과 마주할 일들에 대해 냉정하게 생각했다. 집에서는 아이들 공부도 잘 봐주면서 먹이고 입히고 재우는 모든 육아를 잘 해내는 좋은 엄마가 되고 싶고, 밖에서는 진취적으로 인생을 살아가는 멋진 커리어 우먼의 삶을 살고 싶다. 긴 고민과 노력 끝에 마침내 지금 나는 꽤 나은 안정적인 일상을 보내고 있다. 체력은 예전만 못하지만 아팠던 때보다 훨씬 좋아졌고, 가정과 일 모두 안정되었다. 그리고 가장 중요한 내가 행복하다. 조금씩 아주 조금씩 나는 괜찮아지고 있다.

이 책은 그 긴 고민과 노력에 대한 이야기다. 나의 이야기가 나처럼 아이를 키우는 대한민국의 평범한 워킹맘 워킹대디에게 세컨드 라이프 설계를 위한 성장의 원동력이 될 수 있으면 좋겠다. 회사에서 일하는 것 외에 내가 할 수 있는 게 무엇인지 아직도 잘 모르겠는 사람들, 그리고 어딘가 나만 회사를 진심으로 대하는 느낌이 드는 사람들에게 인생 설계 참고서가 될 수 있으면 좋겠다. 마지막으로 인생의 큰 고비를 겪고 있다면 다시 일어설 수 있는 용기와 희망을 주는 책이 되었으면 좋겠다.

이 책이 성장의 원동력이 될 수 있기를 바라며,
꼬미홈

1
워라밸 쫓는 엄마들

인정받는 엄마	20
주 3회 소아과는 너무한다 진짜	22
나는 욕심 많은 엄마	25
어머니~ 여름옷으로 입혀 보내주세요~	28
휴직도 복직도 쉽지 않은 워킹맘	30

인정받는 디자이너	34
퍼스트 라이프의 시작	36
회사 네임 밸류보다 중요한 것	38
엄마보다 여유로운 회사원의 하루	41
금요일 저녁 7시	43
첫 번째 꿈을 선택하고 긴 시간이 지났다	46

2
위태로운 워킹맘

우리는 모두 언젠가 퇴사한다	50
박 수석님 그만두셨대…	52
회사 일에 너무 마음 쓰지 말자	54
내가 가고 있는 성장의 길을 보자	56

어느 날 한쪽 귀가 이상해졌다	60
삐- 삐- 삐-	62
돌발성 난청입니다. 치료 방법은 없습니다	66
가정을 지키고 나를 돌보았어야 했다	69

변화가 필요한 순간	72
퇴사를 준비해야겠다	74
일을 멈추고 싶진 않다	77
정신이 몸을 지배하면 벌어지는 일	79
인생은 다양한 모드의 게임 스테이지	84

3
나의 발견

세컨드 라이프의 시작 　　　　　　　　　　　　　　90
　다시 찾은 평범한 일상 　　　　　　　　　　　　　92
　나에게 연민을 느꼈다 　　　　　　　　　　　　　96
　아이를 키우다 내가 놓치고 있는 것은 없을까? 　　98
　나는 가짜 디자이너였을지도 모른다 　　　　　　101

내가 좋아하는 것, 내가 잘하는 것 　　　　　　　　104
　나는 10년 뒤에 어떤 모습일까 　　　　　　　　　106
　스스로 쟁취해야 했던 나의 10대 　　　　　　　　109
　선한 영향력을 가진 디자이너가 되고 싶었던 나의 20대 　112
　일의 성취감보다 중요한 것을 느낀 나의 30대 　　114
　Tip 세컨드 라이프를 위해 자신의 인생 스토리 기억하기 　116
　좋아하는 것을 시작해 보자 　　　　　　　　　　117

4
부캐의 탄생

나와 가족을 위한 생존 도구 찾기 — 122
창작은 나로부터 시작된다 — 124
옆자리 동료와 나는 닮아가고 있다 — 127
Tip 나만의 경쟁력 키워드 찾기 — 129
나와 가족을 위해 다음 스테이지를 준비하자 — 133
Tip 건강하고 행복한 세컨드 라이프를 위한 고민 — 136

부캐 꼬미홈을 만나다 — 138
취미로 시작했던 단정한 일상 기록 — 140
기록을 통해 발견한 나만의 취향 — 143
인스타그램, 추천 알고리즘 타다 — 147
인스타그램 좋아요 수보다 중요한 것 — 149
Episode 인스타그램에서 만난 불편러들, 천사들 — 152
부캐는 멈춰있던 본캐의 시간을 흐르게 한다 — 154
Tip 휴직, 퇴직을 해도 괜찮을까? — 158

워킹맘 세컨드 라이프의 현실 — 160
집 꾸미며 힐링하는 워킹맘 '꼬미홈' — 162
몸도 마음도 건강한 워킹맘이 되자 — 165
Tip 아이들과 함께 꾸미는 우리 집 — 168
부캐의 성장 뒤, 워킹맘의 다크서클 — 172
나만의 시간 관리를 위한 5가지 원칙 — 175
퇴근 그리고 육퇴, 이제 나를 위한 시간을 보낸다 — 179

5
부캐의 성장

퍼스널 브랜딩으로 수익화하기 — 184

- 지금은 인플루언서 시대 — 186
- 인스타그램 인플루언서 '꼬미홈' — 188
- **Tip** 광고비 책정에 영향을 주는 인플루언서 계급 — 191
- 인스타그램 제품 협찬 — 193
- **Tip** 위험한 제품 협찬 DM 알아채는 방법 — 198
- 인플루언서 초대 행사 방문 — 200
- 마켓? 공동구매? 그게 뭔가요 — 204
- 첫 번째 마켓을 준비하다 — 206
- 이틀 만에 매출 천만 원대 달성 — 212
- 가정집 스튜디오로 새로운 수익 파이프라인 구축 — 216

수익화 채널 확장하기 — 222

- 블로그 확장으로 플랫폼 한계 극복 — 224
- **Tip** 나에게 어울리는 소통 채널 선정하는 방법 — 228
- 내가 네이버 리빙 인플루언서라고…? — 232
- **Tip** 내가 경험한 네이버 인플루언서 제도 — 236
- 10개월 운영한 블로그, 한 방에 선정되다 — 239
- **Tip** 블로그 성장을 위해 준비했던 15가지 — 242
- 블로그 광고 수익률이 대폭 상승한 이유 — 246
- 네이버에서 티스토리로 확장하다 — 248
- **Tip** 네이버 블로그와 다른 티스토리 특징 5가지 — 252

6

부캐가 본캐 되는 그날

제2의 인생 설계 스테이지 　　　　　　　　　　256

　워킹맘 꼬미홈은 주말도 바쁘다　　　　　　　　258
　워킹맘 꼬미홈은 오늘도 기록한다　　　　　　　261
　대기업 디자이너가 세컨드 라이프를 준비하는 이유　263
　　Tip **본캐 직장인의 삶에서 배운 지혜**　　　　266
　대학원생이 된 워킹맘　　　　　　　　　　　　269
　배움과 도전 앞에 늦은 나이는 없다　　　　　　271

행복한 워킹맘 워킹대디 　　　　　　　　　　　274

　부모는 강하지만 아이들은 더 강하다　　　　　　276
　　Tip **워킹맘을 위한 육아 대책 5가지**　　　　280
　엄마 같은 사람이 될래요　　　　　　　　　　　284
　잘 넘어지는 연습을 하자　　　　　　　　　　　286
　숨 고르기가 필요한 때　　　　　　　　　　　　288
　해보기 전까지 아무도 모른다　　　　　　　　　291

STAGE 1

워라밸 쫓는 엄마들

인정받는 엄마

"

저도 엄마로서 매 순간 최선을 다하고 있어요. 어떤 때는 이렇게 바쁘면서 어떻게 다 해냈지! 싶을 정도로 스스로 대견하다고 느껴질 때도 있었죠. 일을 하면서도 가정에 소홀한 편은 아닌 줄 알았는데…. 글쎄 계절이 변한 줄도 모르고 오늘도 아이들 옷을 덥게 입혀 보냈지 뭐예요.

"

주 3회 소아과는 너무한다 진짜

**아침 7시, 어린이집 등원 준비와 출근 준비를
동시에 하느라 정신이 하나도 없다.**

아직 면역력이 약한 아이들은 어린이집에 다닌 뒤로 줄곧 감기를 달고 살고 있다. 그렇다 보니 자연스레 거의 주 3회 동네 소아과 출석 도장을 찍고 있다. 맞벌이 부부인 우리는 매일 아침 환상의 호흡을 보이며 하루를 시작한다.

엄마가 아이들을 준비시키면서 출근 준비를 하는 동안 아빠는 빠르게 옷을 챙겨 입고 아직 문도 열지 않은 동네 소아과로 향한다. 소아과 오픈 30분 전이지만 이미 줄은 길게 늘어서 있다. 드디어 9시! 간호사가 문을 열면 운동복 바람으로 나와있는 엄마 아빠들이 뛰어 간다. 백화점 오픈 런 현장을 방불케 하는 속도를 보여주며 차례로 접수 명단을 작성한다. 먼저 대기 중이던 부모님들이 계셔서 앞 순서에 들지 못했다. 40분 정도는 기다려야 할 것 같다. 아무리 서둘러도 앞에 열 팀은 꼭 있다.

접수 순서를 보아하니 오늘 출근은 예상보다 10분 늦어질 것 같다. 출퇴근 시간이 자유롭긴 하지만 어쩐지 계획한 대로 흘러가지 않는 하루의 시작이 조금 아쉬운 마음이 든다. 서둘러 온 보람 없이 허탈한 마음이 들지만 그래도 11번째 순서라도 된 게 다행이다.

　집으로 돌아와 간단히 아이들 아침을 먹이고 진료 순서가 되었을 때쯤 아이들과 함께 소아과로 향한다. 소아과에 도착하니 감기 바이러스에 취약한 유아기 아기들이 많이 보인다. 고열에 몸이 힘들어 칭얼대는 아이, 콧물과 기침 소리부터 예사롭지 않은 아이, 울다 지쳐서 엄마 품에 잠든 아이. 아파서 병원을 찾은 아이들 모습 뒤에 출근을 미루고 소아과에 앉아있는 엄마 아빠들의 모습이 보인다. 지난밤의 사투가 느껴지는 피곤한 얼굴이다. 어딘가 익숙한 눈빛과 표정들…. 고개를 돌리다 우연히 소아과 벽에 걸린 거울 속의 나와 눈이 마주쳤다. 애써 밝고 화사하게 옷을 입고 있지만 얼굴은 그렇지 않다. 지난밤 잠을 편하게 못 잔 탓인지 다크서클과 푸석한 피부는 미처 숨기지 못했다.
　소아과 진료를 보고 어린이집에 골인시키는 순간까지는 온전히 아이에게 집중한다. 밝게 웃으며 손을 흔들고 들어가는 아이 모습이 사라질 때까지 기다렸다가 모습이 흐려지면 빠른 속도로 출근길에 오른다. 서둘러 회사로 향하면서 오늘 있을 업무를 머릿속으로 정리해 본다.
　오늘도 나의 이중생활은 시작되었다. 엄마 모드가 끝나면 회사원 모드로 전환한다. 아이가 있는 것은 정말 행복하고 복된 일이지만 내 커리어와 일상을 건강하게 지켜내면서 아이들을 잘 키워내는 것은 생각보다 쉽지 않다. 많은 생각이 머릿속을 스치고, 루틴한 하루가 시작된다. 오늘도 힘내보자!

연년생 육아로
허리가 휘는 아빠

유정이 29개월, 유준이 14개월.
주 3회 소아과 출근은 일상이었던 그 시절.

오늘도
뺏겨버린
엄마 아빠 침실

"우리 오늘 여기서 잘래요! 엄마 아빠 침실이 제일 좋아요."
"엄마 아빠 그럼 너희 침대에서 잔다?!"
"네~~~~!"
"쟤네 또 밤에 넘어오는 거 아니야? ㅠㅠ"

나는 욕심 많은 엄마

**고단했던 주 3회 소아과 출근을 하던 일상은
아이들이 48개월 정도로 넘어가면서 점차 사라졌다.**

이제 제법 감기 바이러스를 이겨낼 수 있는 면역력이 생겼는지 감기에 걸려 오는 횟수도 줄어들었다. 컨디션이 좋으니 어린이집 생활도 건강하게 잘 보내고 있다. 아이들이 크니 이제 좀 살만한 것 같다는 생각이 든다.

아이들이 건강하고 행복하니까 덩달아 직장에서의 나의 삶도 너무나 안정되고 행복하다. 우리 맞벌이 부부는 최적의 출퇴근 동선을 짜면서 아이들 돌봄 기관을 직장 어린이집으로 옮겼다. 이제 나와 함께 출퇴근하게 되었다. 가까워졌으니 더 이상 1시간 거리에 있는 어린이집으로 서둘러 가지 않아도 된다.

조금 여유가 생기니 욕심이 생겼다. 육아도 일도 잘 해내는 워킹맘이 되고 싶다. 가능하다면 조금 늦게까지 일하다가 퇴근하고 싶은 마음도 든다. 물론 누군가 아이를 픽업해서 집으로 데려가 저녁을 먹이고 돌봐주어야 하는 조건이 모두 성립되어야 한다는 제약은 있다. 다정한 남편은 늘 육아를 위해 그리고 나를 위해 모든 상황을 맞춰주지만 일에 대한 책임감과 욕심도 많은 남편의 성격을 나는 알고 있다. 매번 나를 먼저 배려하는 그에게 계속 부탁하기엔 조금 미안한 마음이 든다.

주변에 초등학교를 보낸 워킹맘과 전업맘의 말이 들려온다. 영유아 시기를 잘 버텨낸다고 해도 워킹맘이 아이 둘을 돌보려면 정말 큰 노력과 체력이 필요할 거라고 한다. 겁을 주려고 부풀려 말하는 것이 아니라 실제 현실을 미리 알려주고 준비할 수 있도록 조언해 주는 것임을 알고 있다. '이제 몇 년 뒤면 나도 학부모가 되는데…. 우리 모두 잘 해낼 수 있을까…? 까짓것 해보지 뭐~!' 더 막막하고 힘들었던 현실 속에서도 잘 버텨왔던 우리 가족이었다. 앞으로도 잘 해낼 수 있을 것이다. 아이들을 믿고 우리 부부를 믿는다. 아이들도 엄마가 하고 싶은 일을 하며 행복해하는 모습을 더 좋아할 것이다. 당장은 힘들 수 있어도 차근차근 잘 헤쳐나가면 괜찮아질 것이다.

잘 해낼 수 있을 거라는 마음 한편에 아주 조금 두려운 부분도 있다. 아이 둘을 키우면서 공부도 봐주고 사회성도 길러주고, 거기에 자기 일까지 하겠다는 내가 너무 욕심 많은 무모한 선택을 하는 건 아닐까…? 그렇다고 해도 어쩔 수 없다. 어느 것 하나 내려놓을 자신이 없다. 나는 그냥… 욕심 많은 엄마가 되기로 했다.

마주 보며 공부하는
연년생 공부방

아이들 공부도 봐주면서
내 일과 공부까지 잘 해내고 싶은 건 욕심일지도 모른다.
욕심일지라도 어느 것 하나 놓을 수 없다.

어머니~ 여름옷으로 입혀 보내주세요~

**육아도 일도 야무지게 잘 해내는
욕심 많은 엄마가 되기로 했지만, 마음만 앞섰나 보다.**

새 학기가 시작되고 정신없는 일상을 보내던 어느 날, 일을 마치고 서둘러 어린이집으로 향했다. 요 며칠 아이들이 늦게까지 선생님과 단둘이서 있었다는 것을 알기에 오늘만큼은 빨리 가서 안아주고 싶은 마음뿐이었다.

서둘러 도착한 어린이집, 하원 호출을 받은 아이들이 현관 쪽으로 달려 내려왔다. "엄마가 오늘은 조금 일찍 왔네?" 하며 기뻐하는 아이들의 환한 표정과 목소리가 들린다. 이때 현관에서 신발을 신기면서 나는 예상치 못한 감정 변화를 느꼈다. 어린이집 선생님 말씀이 내 마음에 비수처럼 꽂힌 것이다. "(밝게 미소를 지으며) 어머니~ 아이가 더워 보여서요~ 가벼운 옷으로 입혀 보내주셔도 돼요~"

별말이 아닌데 왜 그렇게 마음이 쓰였을까. 상냥하고 친절한 선생님의 말씀을 듣고 아이의 모습을 보니 우리 아이의 두꺼운 옷차림이 눈에 들어왔다. 가만히 주변을 둘러보니 다른 친구들은 변화한 계절에 맞춰서 반소매에 얇은 바지를 입고 있었고, 혹시 모를 일교차를 대비해서 얇은 카디건을 걸치고 있기도 했다. 가벼운 옷차림 때문인지 발걸음도 가볍고 기분도 산뜻해 보였다. 반면 우리 아이들은 칙칙하고 무거운 겨울 외투를 입고 있었고, 괜히 더 지쳐 보이기까지 했다. 잠시 멍해졌다.

계절이 변한 걸 나는 왜 몰랐을까. 계절이 변한 줄도 날씨가 어떤지도 모르고 내가 너무 정신이 없었구나. 우리나라 계절이 다 원망스럽다. 우리나라는 왜 사계절이나 돼서 옷 정리를 3개월에 한 번씩 하게 만들었을까. 겨울이 가고 봄이 왔지만 어설픈 봄 때문에 예상보다 여름이 성큼 다가온 날씨가 되어있었다. 쌀쌀한 것 같다가 갑자기 무더운 날도 있었고, 날씨가 오락가락했다. 그래도 일교차를 고려한 복장을 입혀줬어야 했는데… 그렇지 못했다.

퇴근 후에 아이들을 케어하고 지쳐 잠드는 날이 많아지면서 계절에 맞춰 옷을 꺼내 놓지 못했다. 어른들은 따로 정리하지 않아도 옷차림이 자연스럽게 바뀌지만 아이들 의류는 따로 정리가 필요하다. 계절에 맞는 옷을 꺼내 정리하다 보면 해가 바뀌면서 작아진 옷들이 있기에 더욱 시간 들여 정리가 필요하다.

나는 그냥 욕심만 많은 엄마였나 보다. 아이 둘을 돌보면서 일과 가정을 챙기는 생활을 해본 적 없던 초보 워킹맘은 많은 생각이 들었다. 그날 밤, 늦은 시간까지 잠들지 못하고 남편과 긴 대화를 나누었다. 둘이 알콩달콩 야무지게 살림하며 살던 우리가 어느덧 두 아이의 부모가 된 지 몇 해가 지났고, 일까지 병행하다 보니 지쳐있었던 것은 사실이다. 그 과정에서 아이들에게 소홀했을지도 모른다. 힘들지만 잘하고 있다고 생각했는데 그렇지 못했던 것 같다.

휴직도 복직도 쉽지 않은 워킹맘

"언니~ 나 아무래도 복직 못 할 것 같아…."

휴직하는 것도 복직하는 것도 내 마음대로 할 수 있는 것이 하나도 없는 대한민국의 모든 딸. 이 순간도 휴직과 복직을 고민하는 엄마들이 있다.

대학생 시절부터 함께 디자인을 공부하고 같은 회사에 입사한 친한 동생이 회사 복직을 걱정하고 있다. 작년에 출산한 아이 때문에 걱정이 이만저만이 아니다. 건강하게 태어나도 힘든 육아인데, 천사같이 착한 이 친구에게 몸이 불편한 아이가 찾아온 것이다. 힘든 시기가 많았음에도 밝게 웃으며 멋지게 삶을 살아가는 의젓한 모습에 마음이 놓였던 적이 있었는데, 복직을 포기하게 되었다는 말을 들으니 마음이 무겁다.

하루라도 빨리 회사로 돌아가고 싶었을 텐데…. 나 역시도 휴직과 복직을 경험했기에 그 마음이 어떤지 말하지 않아도 알 수 있다. 얼른 돌아가서 멋진 디자이너로서 다시 화려하고 뜨겁게 일하고 싶은 마음일 것이다. 열정 넘치는 인생을 살아온 친구니까 이 현실이 얼마나 답답할지 말하지 않아도 알 수 있다.

우리는 육아 스테이지를 선택하면서 크고 작은 제약 속에서 살아가고 있다. 일을 하는 것, 가정을 돌보는 것, 어느 것 하나도 내 마음대로 선택할 수 없는 상황을 겪고 있다. 일상은 아이를 중심으로 흘러가고, 나의 몸도 눈치껏 아파야 하는 상황이 되었다. 아이를 키우는 것은 너무 행복하지만, 너무 힘들다.

육아는 죽기 전까지 계속된다는 이야기를 들은 적이 있다. 너무 말도 안 되는 소리처럼 들리지만, 아이를 키우며 이만큼 세월이 지나 보니 이 말이 틀린 말이 아님을 알기에 헛웃음만 나온다. 생각해 보니 부모님들도 우리가 자식을 낳아 기를 때까지 곁을 지키며 걱정해 주고 계시질 않는가. 아이를 돌보면서 하고 싶은 일도 할 수 있는 시대가 온다면 얼마나 좋을까. 정말 그런 날이 오기는 할까.

가엾은 이 시대의 모든 딸, 아들. 자식을 낳는 고통만큼 힘들고 고단한 일상을 보내고 있는 우리 부모님들. 사랑하는 아이들과 함께하는 이 시간 속에 우리는 가장 빛나고 있다는 것을 알아야 한다. 이미 많은 것을 이루었고, 지금도 우리는 기적을 만들어가고 있다. 한 생명을 예쁘게 잘 키워내는 것보다 신비롭고 귀한 기적은 없다.

아이들과 함께 그린
100호 캔버스 그림

가족 네 명의 사인이 담긴 백드롭 캔버스 그림이다.
우리 가족 행복 공간에서 더욱 빛을 발하는 추억의 물건이다.

햇살 받은 거실에서
셀프 이케바나

가족 소통의 공간인 거실은 나의 힐링 공간이 되어주기도 한다.
오브제에 휴지 심을 넣고 격자 모양으로 테이핑하여 이케바나를 만들었다.
말린 꽃을 버리기 아까워 하나씩 꽂아본다.

인정받는 디자이너

"

저에게 회사의 네임 밸류보다 중요한 것은 얼마나 자신에게 가치 있는 일인가예요. 운이 좋게도 하고 싶은 일을 직업으로 선택했고, 즐기면서 살았어요. 이제 이 일을 한 지도 십여 년의 시간이 흘렀네요. 많은 것이 변한 지금… 저는 여전히 저에게 가치 있는 일을 하고 있는 걸까요.

"

퍼스트 라이프의 시작

지금의 내 꿈은 대학 시절 마이크로소프트
UX 에반젤리스트User Experience Evangelist를 만나면서 시작되었다.

당시 한국 마이크로소프트에서 MSPMicrosoft Student Partner라는 기업 서포터즈 같은 활동을 한 적이 있었다. 아직 국내에 UX 디자인 분야가 낯설었던 그때, 처음 사용자 관점에서의 디자인을 연구하는 학문을 알려주신 UX 에반젤리스트분들 덕분에 UX 디자인에 관심을 갖게 되었다. 생소한 분야였지만 나에게 너무 잘 맞는 분야였다. 그리고 가능성이 많은 분야라는 생각이 들기도 해서 더욱 깊이 알고 싶었다.

마이크로소프트에서 주최하는 전 세계 학생들의 IT 기술 대회인 이매진컵Imagine Cup 국제 대회에 디자인 부문으로 출전한 적이 있다. 밤샘 과제와 학업을 병행하는 과정에서도 무슨 이유에서였는지 마치 나를 위한 대회 같다고 생각하며 열심히 대회를 준비했다. 세계 난제를 해결하는 과제 아래 기존 기부 방식에 재미와 편리함을 더한 모바일 기반의 새로운 기부 시스템을 개발했다. 운이 좋게도 1라운드가 통과되고, 기적처럼 2라운드까지 통과했다. 준비하는 과정과 합격자 발표까지 모두 막힘없이 잘 흘러갔다. 감사하게도 열심히 노력만 하면 좋은 결과가 되어 돌아왔다. 잠을 줄이고 밤낮으로 대회를 준비했다. 프로토타입을 만들고 발표용 PPT도 만들었다.

　혼자 하기엔 벅찼기에 지금의 남편인 남자 친구와 함께 힘을 모았다. 당시 남편은 미군 부대에 복무 중인 한국군이었는데, 불붙은 내 열정을 격려하고 힘을 보태주었다. 함께하지 않았다면 그날의 그 기적 같은 일들은 일어나지 않았을 것이다.

　마침내 전 세계 단 여섯 팀만이 경쟁하는 이집트 파이널 대회에 한국 대표로 출전할 수 있는 영광을 갖게 되었다. 21살, 나의 첫 해외여행이었다. 이집트 카이로 호텔에서 열린 24시간의 디자인 경쟁, 피라미드 앞에서 열리는 시상식과 디너파티, 한국에서 오신 기자분들과 함께하는 떨리는 인터뷰, 그리고 대회 종료 후에 친구들과 함께했던 이집트 사막 여행까지 그 모든 것이 꿈만 같았다. 놀랍도록 행복하고 희열 가득했던 2009년 여름이었다.

　이매진컵 대회를 계기로 국내외 다양한 UX 디자인 공모전에 도전했다. 학업을 병행하며 부담되지 않는 선에서 즐겁게 도전하다 보니 좋은 성적을 거두기도 했다. 오프라인 공간에서 마주하는 다양한 경험 디자인의 세계를 공부했다.

　그렇게 나의 첫 번째 꿈의 방향이 정해졌다. 행복했던 경험들이었으니 어찌 보면 당연한 결과다. 자연스럽게 마주한 나의 첫 번째 꿈이 마음에 든다. 차곡차곡 꿈을 설계해 볼 생각에 기대와 설레는 감정이 든다. 어쩐지 앞으로 행복한 일들이 가득할 것 같다.

회사 네임 밸류보다 중요한 것

꿈을 선택하는 기준은 저마다 다르다.

안정된 직장을 원하는 사람, 돈을 많이 벌 수 있는 직업을 원하는 사람, 아주 드물게 부모님 일을 물려받아야 하는 사람 등 저마다 인생의 첫 번째 꿈을 꾼다. 나의 직업 선택 기준엔 돈을 많이 버는 것과 회사 네임 밸류는 없었다. 내가 무슨 일을 하는지 그리고 그 일이 나에게 얼마나 가치 있는 일인지가 더욱 중요했다.

대학교 3학년 겨울, 나는 첫 번째 꿈을 구체적으로 그렸다. 가장 흥미로웠던 UX 분야의 구체적인 일의 형태를 알아보았다. UX 디자인은 사용자 경험 시선으로 접근하여 해당 비즈니스 요건을 고려한 뒤 최적의 대안을 구성하여 표현한다. 모든 직종에 요구되는 학문과 기술이기에 다양한 곳에서 이 같은 디자인적 사고를 고려한 직무들이 많이 생겨나고 있었다. 처음 이 학문을 접했던 2007년에는 많이 알려지기 전이었지만 몇 년 뒤 점점 중요성이 대두되었다. 학교에서는 새로 과를 만들거나 학과명을 바꾸기도 했고, 많은 기업은 UX 디자인 교육을 만들고 해당 업무 전담 부서를 새로 신설하기도 했다. 나에게 가장 흥미로웠던 이 분야가 다양한 직종에 전파되어 꿈의 선택지가 많아진 것 같아 흥미로웠다.

취업을 준비하는 4학년이 되었을 때, 좋아하던 UX 디자인을 더욱 깊이 공부하며 경험할 수 있는 대학생 디자인 프로그램 활동을 했다. 기업에서 주최하는 이 제도는 입사를 위한 관문이기도 하여 입사 전에 회사를 경험할 수 있는 다양한 기회들이 주어진다. 그렇다 보니 자연스럽게 UX 디자이너로 입사 지원하게 되었다.

대기업에 취직하는 목표보다는 내가 흥미로워하는 것, 나의 성향에 잘 맞는 학문을 선택하기 위해 애썼다. 그렇게 하나씩 도전하고 달성하며 앞으로 나아가는 과정에서 자연스럽게 지금 속한 회사에도 취직할 수 있었다.

아마 UX 디자인 분야가 이 회사에 없었다면 나는 지원하지 않았을 것이다. 내가 좋아하는 좀 더 흥미로운 일을 하기 위한 그 길을 찾았을 것이다. 회사 네임 밸류보다 중요한 것은 가치 있고 보람된 하루라는 생각은 그때도 지금도 변함이 없다.

캔들 오일 워머
힐링하는 시간

집에 머물 때 단 10분만이라도 제대로 쉬는 방법을 터득했다.

멍때리는
늦은 오후

긴 회사 생활 동안 나는 변했다.
조용한 것이 좋아졌다. 집순이가 되는 하루도 좋다.
공간의 경험을 디자인하는 것에 더욱 관심이 많아졌다.

엄마보다 여유로운 회사원의 하루

**아이들을 돌보는 하루는 촌각을 다투며
정신없이 돌아가는데 회사에서의 시간은 한결 여유롭다.**

 탄력 근무제인 우리 회사는 디자이너마다 원하는 출근 시간을 정해 자유롭게 출근하고 퇴근한다. 한 달 안에 정해진 시간의 총량을 근무하면 되고, 원하는 만큼 분할하여 근무하는 근태 시스템이라 정해진 근무 시간은 없다. 연차 제도 중에 급한 업무가 있을 때 사용하기 좋은 '시간 연차'도 있다. 1시간만 사용할 수도 있어서 급한 일이 생겼을 때나, 연차 쓰긴 아깝고 반차도 좀 애매할 때 사용하면 좋다.
 유연한 근무 환경 덕분에 직원들의 하루는 꽤 자유로운 편이다. 회의와 개인 업무만 마무리된다면 원하는 시간에 회사 밖으로 나갈 수 있어 퇴근 후 개인 시간을 확보할 수 있는 큰 강점이 있다. 다만 모든 회사가 그렇듯 아무리 좋은 제도가 있어도 계획적이지 않은 사람은 늘 일에 쫓기기 마련이다. 스스로 효율적인 하루를 설계하여 부지런히 움직여야만 개인 시간을 확보할 수 있다.
 회사는 직원들의 자율성을 확보하여 업무 효율과 창의력이 발휘될 수 있는 환경을 마련해 준다. 말랑말랑한 상상력과 창의력이 요구되는 디자이너들에게는 더없이 좋은 업무 환경이라는 생각이 든다. 근태 시스템 외에 직원 편의 시설도 잘 갖추어져 있어 일하는 동안 자연스레 애사심을 느낄 수 있는 멋진 곳이다.

디자인 연구소가 있는 이곳 사업장에는 디자이너들이 대부분이다. 저마다 취향껏 꾸민 화려한 옷차림과 헤어스타일로 본인만의 개성을 드러낸다. 나는 그냥 편하게 내 스타일대로 단정하게 입기를 좋아하는 편이다.

한때는 또각또각 하이힐을 좋아해서 신혼집에 구두 전용 방을 둘 정도로 구두를 아꼈던 적이 있었다. 아이를 낳고 나서도 높은 굽의 신발을 곧잘 신고 다녔다. 조리원에서 남편과의 데이트 외출을 위해 하이힐을 챙겨 갈 정도였으니 말 다 했다. 그랬던 나지만 이젠 아이들을 빠르게 픽업하고 데려다줘야 하기에 3~4센티 낮은 굽으로 타협점을 찾은 상태다. 생각해 보니 요즘은 이마저도 사라진 지 오래된 것 같다. 운동화 신고 아이들 스케줄에 맞추어 매일같이 달리기하는 내 모습이 이젠 익숙하다.

결혼과 육아 스테이지에 접어들기 전까지만 해도 또각또각 구두를 신고도 불편한 줄 모르고 신나게 회사에 다녔는데 지금은 9센티 힐은 꿈도 꿀 수 없다. 생각만 해도 피곤할 지경이다. 이렇게 꿈도 꿀 수 없는 체력이 되고 나니 그때 질리도록 신고 다닌 게 정말 다행이지 싶다.

금요일 저녁 7시

"금요일 저녁 7시에 회의실에서 만나!"

사원 시절에는 대학생 때 함께 디자인을 공부하고 입사했던 친구들끼리 모여 매주 금요일 퇴근 후에 스터디 모임을 즐기기도 했다. 만나는 그날의 그 시간을 따서 스터디 그룹 이름은 'Friday 7 pm'이다.

마음과 다르게 회사에서 채워지지 않는 그 무언가를 금요일 스터디를 통해 채워갔다. 토론하기에 좋은 주젯거리를 가지고 서로 다른 사업부의 친구들이 회의실에 모인다. 성장에 대한 고민도 나누고, 디자인에 대한 다양한 시각을 교류한다. 마음이 통하는 사람들과의 대화는 언제나 즐겁다. 대학생 때부터 이어진 인연으로 우리는 모두 수평적인 관계이다. 직급도 서열도 없이 그저 함께 디자인을 논할 뿐이다. 열띤 토론을 할 때면 저마다 눈빛이 더욱 빛나고 얼굴에 행복함이 가득했다.

모임은 점차 성장하여 회사 밖의 지인들을 모시고 이야기를 나누는 세미나 시간을 갖기도 했다. 그럴 때면 매일 만나는 디자이너가 아닌 다른 직무와 다른 업계 이야기를 가까이서 들을 수 있기에 흥미로웠다.

퇴근 후에 갖는 이러한 시간은 나에게 에너지와 활력을 주었고, 나의 일과 삶에 긍정적인 영향을 주었다. 이러한 긍정적인 영향은 나뿐만의 이야기가 아니었다. 스터디원 모두 매해 성장해 가는 것이 보였다.

지친 회사 업무 중에도 동료들이 가까이 있었기에 큰 힘을 얻을 수 있다. 함께 웃으며 성장하는 동료들이 있었기에 일도 즐겁다. 저마다 새롭게 출시하는 제품을 맡아 디자인하고, 전 세계에 선보이는 오프닝 행사가 다가오면 가슴 벅찬 감동을 느낀다. 열심히 하다 보니 매해 진행되는 글로벌 디자인 공모전에서도 늘 좋은 성적을 내는 편이다. 국내외 다양한 디자인 경험을 할 수 있는 성장의 발판이 마련되어 있고, 연차가 쌓여갈수록 멋진 디자이너로 성장하는 것을 느낄 수 있다.

이제는 세월이 많이 흘렀기에 새로운 도전을 위해 퇴사도 많이 했지만, 한때는 함께 디자인을 공부하고 입사했던 친구들이 층마다 수두룩했다. 함께 즐겁게 성장했던 동료들의 새로운 도전 앞에 나도 더욱 멋진 디자이너가 되어야겠다고 다짐하며 힘차게 하루를 보낸다.

젊었고, 열정 넘쳤던 사원 시절.
매주 금요일 밤은 12시가 넘어서야 집으로 향했다.

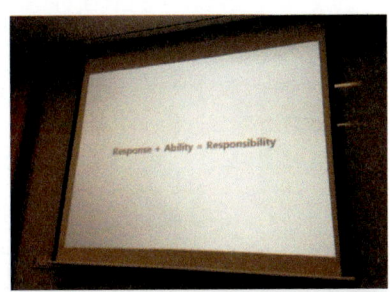

스터디 그리고 자주 가던 **피맥집**

첫 번째 꿈을 선택하고 긴 시간이 지났다

인생의 첫 번째 꿈을 선택한 지 십여 년의 세월이 흘렀다.

그동안 많은 지인이 새로운 꿈을 위해 회사 밖으로 떠나기도 했고, 회사 안에서 직무를 바꿔가며 다양한 경험을 하기도 했다. 그런 가운데 나는 회사도, 부서도 변화 없이 신입 사원 때부터 하던 일을 과장이 될 때까지 해오고 있다. 관련 업무의 전문성이 생겼지만 처음 입사 때처럼 열정 가득히 업무를 하며 매일 보람차게 하루를 보내고 있는 건지 의문이 든다. 나는 지금 잘 살고 있는 걸까?

주변의 모든 것은 변했다. 옆자리 동료들은 새로 들어온 사람들이 대부분이고 회사 위치도 한 차례 이사를 하면서 변화하기도 했다. 사원 시절 함께했던 선배님들은 이미 대부분 조직을 떠나셨다. 새로 사업을 차리신 분도 계시고, 대학 교수로 가신 분들도 계신다. 나를 제외한 모든 것들이 바뀌었다.

바뀐 것은 사람만이 아니다. 업무 처리 프로세스와 사용하는 소프트웨어 프로그램도 달라졌다. 일할 때 자주 사용하던 디자인 툴도 시대에 맞춰 요즘 스타일로 바뀌었다. 디자인 시스템도 많이 달라져서 예전과 다른 방식으로 업무를 처리한다. 낯설지만 적응해 가며 또 익숙해짐을 느낀다. 모든 것이 변한 이 시점에 나만 변하지 않고 그대로다.

긴 회사 생활 동안 정말 나는 변하지 않았을까? 소속된 조직과 회사원이라는 타이틀은 그대로이지만 알게 모르게 나도 많이 변했다. 좋아하는 디자인 스타일도 변화했고, 좋아하는 디자인 영역도 달라졌다. 모바일, 웹 UX 디자인에 빠져 디자인을 해왔던 나는 오래전부터 흥미를 느꼈으나 할 수 없었던 공간 UX에 대한 애정이 더욱 커졌음을 알고 있다. 모른 척 매일 반복되는 일상을 살고 있지만 공간의 변화를 통해 새로운 가치를 발견하고 사용성을 개선하는 디자인에 대한 갈증을 느끼고 있다.

아직도 처음 이 직업을 선택했던 그때의 마음과 같을까? 이 직업이 나에게 가장 잘 맞고, 내가 행복해지는 길이라고 생각하는가? 이 일이 나에게 가치 있는 일이라고 느끼고 있는가? 매일 최선을 다하며 살고 있고, 일의 성취감을 느꼈을 때 행복감을 느끼고 있는가? 단순한 질문이지만 생각이 많아진다.

자신 있게 그렇다고 할 수 없을 것 같다. 나는 잘 살고 있는 걸까. 오늘도 마음속 물음표가 생기지만, 모른 척 출근길에 오른다. 아무튼 오늘도 최선을 다해 살아본다. 확신은 들지 않지만 그렇다고 크게 잘못된 것은 없으니까.

위태로운 워킹맘

우리는 모두
언젠가 퇴사한다

"

함께 일하던 동료들이 하나둘씩 사라지고, 새로운 사람들이 들어오면 분위기가 확 바뀌잖아요. 그럼, 그 공간에 남아있는 내가 너무 어색하게 느껴질 때가 있어요. 이제 내 차례인가 싶은 마음도 들더라고요.

박 수석님 그만두셨대…

"옆 사업부 김 전무님 오른팔이었던 박 수석님 그만두셨대~"
"김 전무님 잘리시더니…. 설 자리를 잃었나 봐."
"우리 회사 디자인 실세였는데 한순간이네…."

참 허무하다. 대기업 직장인의 삶도 결국 월급쟁이 인생인 걸 어쩌 겠나 싶다. 입사한 지 30년이 훌쩍 넘은 박 수석님이 퇴직하셨고, 큰 기대를 받고 입사했던 타 사업부 신입은 1년을 채우지 못하고 다른 대 기업으로 이직했다. 1999년에 입사한 직원과 작년에 입사한 직원… 모두 회사 안에서 출발 시점은 달라도 변환점에는 누가 먼저 닿을지 알 수 없는 인생이다. 누구보다 승승장구하던 분이었지만 결국 변환 점에 서면 아무런 의미가 없다. 그저 평범한 50대 직장인일 뿐이다. 퇴직은 종료점이 아닌 다시 변화할 수 있는 인생의 변환점이라고 생 각한다. 우리는 모두 크고 작은 인생의 변환점을 경험하고 있고, 그 긴 선의 끝에 있을 끝점을 향해 달려가며 성장하고 있다.

회사 생활은 계단을 오르는 것과도 같아서 차곡차곡 계단을 따라 오르다 보면, 실력에 운까지 닿는다면, 상위 1% 임원이 될 수도 있다. 운과 실력이 안 되면 다음 계단을 오르지 못해 오랜 시간 멈춰있을 수도 있다. 조금 멈춰있다고 좌절할 필요도 없고 먼저 올랐다고 자만할 필요도 없다. 계단의 어느 지점부터는 실력뿐 아니라 운과 타이밍의 영향이 있음을 알게 되니까.

박 수석님이 실력이 없어서 그만두신 걸까? 입사 관문을 통과한 직원들은 모두 잘하는 사람이거나 더 잘할 수 있는 가능성을 인정받은 사람들이다. 하지만 그런 사람들만 모인 조직에서도 최고 등급 인재가 존재하듯 하위 등급도 존재한다. 잘하는 사람이라도 어떤 조직에서는 꼴등이 되고 낮은 고과를 받을 수도 있다. 반대의 경우도 물론 있다. 회사에 꼭 필요한 사람이라고 느꼈던 좋은 분들이 갑자기 사라지기도 하고, 특별한 성과가 없다고 느꼈던 분도 행운을 한 몸에 받아 승승장구하기도 한다. 참 재밌고 흥미로운 점이다.

그런데 난…. 그냥 다 모르겠다. 아무런 계산 없이 마음이 잘 맞는 사람들과 함께 즐겁게 일하고 성장하며 뜨겁게 디자인하고 싶었을 뿐인데, 내가 너무 동화 속 세상 같은 마음이었나 보다. 가끔 들리는 이런 아쉬운 소식들이 들릴 때면 정신이 바짝 선다. 박 수석님은 이런 결말을 아셨을까. 똑똑하신 분이니까 아셨을지도 모른다. 치열한 경쟁이 얄밉기도 하지만 어느 한 명 간절하지 않은 사람은 없다. 마음을 담아 최선을 다해도 어쩔 수 없는 부분이 있다. 수석님은 회사 밖에서도 다시 치열하게 성장하고 자신을 뽐내실 것이 분명하다. 인생에서 이 회사가 전부는 아니니까. 승승장구하여 사회에서 만날 그의 모습이 기대된다.

회사 일에 너무 마음 쓰지 말자

**회사 생활을 이렇게 오래 했어도
조직의 변화가 이루어지는 이 공간의 흐름은 늘 어색하다.**

갑자기 사라지는 선배와 이직하는 후배를 볼 때면 너무 아쉽고 속상하다. 한 회사에 오래 근무하다 보니 정말 많은 퇴직자분을 보았지만, 아직도 적응이 안 된다. 잘못된 것 하나 없는 직장 생활의 이치인데 나에겐 하나도 자연스럽지 않다.

회사 생활을 하면서 자연스럽다고 느꼈던 부분을 찾자면, 어느 날 갑자기 자리에서 누군가가 사라진다고 해도 일은 자연스럽게 돌아가고 있다는 점. 그리고 누군가 그만두었을 때 당장은 슬퍼도 내 코가 석 자라는 생각에 자연스럽게 일상에 복귀하여 일하고 있는 점. 모두가 없으면 안 되는 존재 같아도 없었을 때 생각보다 그렇지 않고, 내 가족처럼 마음이 쓰여도 저마다 제 갈 길 가느라 바쁜 인생이다. 회사는 친목을 위해 모인 단체가 아니다. 너무 마음 쓰지 말고 너무 상처받지도 말자.

회사 안에서 만나는 다양한 캐릭터의 사람 중에 분명히 악역 같은 역할의 사람들이 있다. 자의 혹은 타의로 만들어진 그런 역할의 사람들. 이런 사람들은 꼭 뒤에서 사람들에게 욕을 많이 먹곤 하는데 알고 보면 악역이 아닌, 그냥 그런 가면 속에 본인을 감추고 있는 사람들일 뿐이다. 조직에서 영원한 천사도 악마도 없다. 그저 상황에 따라서 어제의 내 편이 앙숙이 되기도 하고, 1도 맞지 않던 사람에게서 뜻밖의 위안을 받으며 따뜻한 정이 싹트기도 한다. 조직은 그저 한 목표를 향해 달려가고 있을 뿐이고, 그 과정에서 다양한 캐릭터를 가진 사람들이 만나 저마다의 방식으로 부딪치며 성장해 가고 있을 뿐이다.

이 글을 읽고 있는 당신 마음속에 원망의 마음이 드는 동료 혹은 상사가 있다면 그냥 그 마음 그대로 멀리 두고 말아라. 누구에게도 그 생각을 공유하지 말고 그냥 마음속에 자연스럽게 잊히도록 두어라. 싫어하는 마음을 더 들추지도 말고 더 돋구지도 않았으면 좋겠다. 사람의 뇌는 단순해서 싫어하는 그 사람을 신경 쓰기 시작하면 머릿속에 그 사람이 그려지고 크기가 계속 커지면서 자란다. 그렇게 되면 어떻게 될까? 이제 내 일상에 영향을 주는 엄청난 존재로 성장해 버리게 된다. 머릿속에 그 사람을 그리지 말아라. 나 스스로 힘들게만 하는 생각일 뿐이다. 어차피 나랑 안 맞는 사람은 어떻게 해도 안 맞는다.

내가 가고 있는 성장의 길을 보자

**다사다난한 조직의 생활인데
왜 우리는 계속해서 회사에 다니고 있는 걸까?**

가만 보면 힘들다고 툴툴대는 사람들이 회사를 더 오래 다닌다. 불만은 많지만 딱히 다른 대안이 없거나 그러는 사이 그냥 적응해 버리기도 한다. 진짜 능력자는 불만을 말하지 않고 머릿속으로 전략을 짠다. 조용히 있다가 연봉을 올려 더 나은 조건으로 이직한다. 소수의 능력자를 제외하고 대부분의 대기업 직장인은 고인 물이 되는 것을 마다하지 않는다.

직장 생활에서 이직과 성장 루트의 정답은 없다. 내가 가고 있는 성장의 길에 집중하면 된다. 안정된 직장을 즐기는 것도 현명하다. 저마다 회사 생활을 하면서 마음속에 그리고 있는 큰 그림이 있을 것이다. 조직에서 성장하는 나와 마음 맞는 동료들을 보면 회사 생활이 참 괜찮다는 생각이 들기도 한다. 그러면서 통장에 월급과 상여금이 자연스럽게 들어오니 어느 순간 경제적인 혜택까지 있기에 만족감도 느낀다. 어떤 회사 생활을 보낼지는 각자가 그리는 성장의 길을 보며 설계하면 된다.

다만, 어느 조직에 있든 회사에서 쓰임을 당하는 사람이 아닌 회사를 활용하는 사람이 되자. 이런 마인드로 일하면 나도 만족스럽고 회사 또한 이익이다. 내가 성장하고 싶은 부분을 회사 안에서 찾아 얻어라. 어차피 회사와 우리는 일정한 조건에 맞춰 만나게 된 관계이다. 앞으로 어떤 조직으로 옮겨 가더라도 어떤 일을 하더라도 내가 가진 조건을 충분히 만들어놔야 내가 원하는 무언가를 얻을 수 있다.

한 발짝 멀리서 지나온 길과 앞으로 마주하게 될 길을 보자. 내가 성장하고 있는 이 길을 보고 걷자. 그러면 조금 더 수월한 인생길이 완성될 것이다. 조직은 계속 성장하고 있고 조직 내의 구성원들에겐 꾸준히 성장할 수 있는 발판이 마련되고 있다. 관심을 가지고 열심히 일하고 성장하면 언제든 돈과 명예가 따르는 그런 곳이다. 반대로 그렇지 않다면 가만히 멈춰서 도태되는 곳이기도 하다. 여느 직장이 그렇듯 늘 나를 증명하고 어필해야 하는 것은 필요한 법이다.

정년은 55세 정도까지 보장된다고 하지만 정년이 1년 2년 연장되어 길어진들 무슨 의미가 있을까 싶다. 정년의 연장은 나의 삶의 만족도와 전혀 관련이 없으며, 삶의 만족도는 회사 안에서 나의 성장 정도에 영향을 받는다. 중요한 것은 내 마음속의 내가 지금의 삶에 만족하고 행복한지가 아닐까.

평화로워 보이지만
곧 **바빠질**
거실

회사 일도 바쁘고 정신없지만,
육아는 훨씬 더 바쁘고 정신없다.

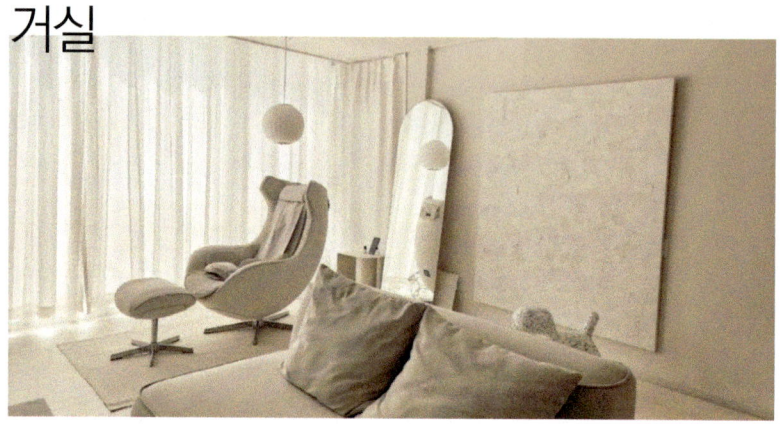

연년생 **남매**
유정이, 유준이

두 아이를 만나면서
회사 일을 맺고 끊는 법을 배웠다.
아이들 만나는 순간 자연스럽게 셧다운!

어느 날
한쪽 귀가
이상해졌다

"

그때를 생각하면 아직도 너무 괴로워요. 죽을 만큼 힘들고 외로웠다고 말하고 싶습니다. 몸이 내 마음대로 말을 듣지 않으면요, 온몸에 식은땀이 나요. 그냥 너무 힘들고 슬퍼요, 근데 눈물이 안 나더라고요. 슬픔이 극에 달하면 눈물조차 나지 않는다는 것을 알았어요.

"

삐- 삐- 삐-

주말 오후 나도 모르게 소파에 잠들었다가 일어났다.

평소에 낮잠을 자는 편은 아닌데 이상하게 몸이 무겁고 피곤하더니 나도 모르게 잠들어 버린 것이다. 그때였다. 그날 그렇게 자고 일어난 직후부터 내 인생을 바꿀 엄청난 사건을 마주하게 됐다.

텔레비전 소리가 이상하게 들린다. 집 안의 모든 가전제품 소리가 시끄럽게 들린다. 온갖 소음이 느껴지고 내 주변의 모든 소리가 정신없게 들린다. '오늘 밖에서 공사하나?' 두리번거리며 주위를 살피는데 다들 아무렇지 않아 보인다. 나는 분명 불편한 소리가 들리는데 같이 거실에 앉아있는 가족들은 아무렇지 않아 보인다. 뭔가 잘못된 게 틀림없다. 일어나 안방으로 갔다가 아이들 방으로 가보았다. 여전히 시끄럽다. '왜 다들 시끄럽다고 하지 않지…?'

순간 등줄기가 뜨거워진다. 뭔가 불편한 느낌이 들지만 이걸 뭐라고 설명해야 할지 모르겠다. 시끄럽다고 병원에 갈 수도 없는 노릇이니 일단 별일 아니라 생각하고 말았다. 게다가 주말이라 병원은 문을 닫아서 자고 일어나면 괜찮을 거라 생각했다. 다음 날 아침이 되어도 소음은 잦아들지 않았다. 계속된 소음에 머릿속이 더 어지러워짐을 느낀다. 몸에 분명 문제가 있는 것 같은데 안타깝게도 워킹맘은 그런 걸 챙길 겨를이 없다.

'귀 좀 불편한 게 뭐 큰 대수라고, 얼른 아이들 준비시키고 나도 출근해야지.'

직장 어린이집에 다니는 아이들은 늘 나와 함께 경부고속도로를 타고 30분 거리의 회사를 향해 달린다. 서둘러 아이들을 차에 태우고 회사를 향해 출발했다. 운전하는 내내 이상한 내 몸 때문에 오만가지 생각이 다 들었지만, 뒷좌석에 앉은 아이들의 음악 주문 때문에 깊이 신경 쓸 겨를이 없다. 웃는 얼굴로 아이들을 보내고 옆 건물 사무실로 향했다. 중간에 아이스아메리카노라도 마실까 싶었지만, 그럴 마음의 여유가 없다.

월요일 출근을 하고 주간 회의를 시작했다. 모두가 평화로운데 여전히 나만 세상 시끄럽다. 회의실 끝에 멀리 앉아있는 동료들이 보인다. 여럿이 대화를 섞어가며 이야기를 나누고 있다. 여러 소리 중에 여직원들의 목소리가 내 귀에 꽂힌다. 여자 목소리에만 이상한 반응을 보이는 게 느껴진다. 여자 목소리 주파수에 맞춰 이상한 잡음이 함께 들려온다. 말소리의 음절에 맞추어 '삐- 삐- 삐-' 소리가 난다. 어제는 귀만 조금 불편하고 소음이 들렸을 뿐이었는데 이젠 다른 새로운 증상이 추가되었다. 이런 이상 반응이 나오니 너무 무섭다.

자꾸 잡음 소리가 함께 들려서 회의 내용에 집중할 수가 없다. 첫 번째 들리는 목소리가 진짜고 두 번째 들리는 소리는 가짜 소음이다. 첫 번째 소리에만 집중하면서 회의 내용을 이해하기 위해 노력했다. 이게 뭐 하는 짓인지…. 그냥 빨리 병원에 가야겠다는 생각만 든다. 회의 중에 테이블 아래쪽에 휴대폰을 숨기고 파트장님에게 회의 중이지만 급하게 병원에 가야 할 것 같다는 메시지를 작성하기로 했다. 그러던 중 내 프로젝트 발표 순서가 와버렸다. 말을 듣지 않는 이상한 귀 때문에 등줄기가 오싹해지면서 옅은 식은땀이 났다. 어차피 짧게 간추려진 주간 보고만 하면 되니까 아무렇지 않은 척 연기하며 발표를 시작했다. 무사히 짧은 보고를 끝내고 몇 분 뒤 회의가 끝났다.

서둘러 회의실을 빠져나와 화장실로 갔다. 정확히 내 상태가 어떤지 확인하고 싶었다. 가만히 눈을 감고 소리에 집중했다. 확실히 조용한 화장실에서도 이상한 잡음은 들렸다. 어딘가 평소에는 듣지 못했던 작은 소음에 내 귀가 반응하는 느낌이 들었다. 분명히 이 소리는 내가 모르고 지나칠 만한 생활 소음 같은 것이 분명한데 지나치게 다 들리는 것이 문제다. 세상의 모든 소리를 들을 수 있는 소머즈가 된 것 같다. 소리에 집중하다 보니 정신이 멍해졌다.

'내 몸에서… 도대체 무슨 일이 일어나고 있는 걸까…?'

가만히 멍해있다가 순간 이러고 있을 때가 아니라는 생각에 정신이 들었다. 이건 감기와 다른 몸의 이상 신호가 분명하다. 자리로 돌아가 외투를 챙겨서 서둘러 회사 앞 이비인후과 병원으로 향했다. 한 번도 가본 적 없는 병원이고, 정보도 없는 곳이지만 일단 가장 가까운 곳에 있기에 이 병원을 선택했다. 앞으로 그곳에서 어떤 일이 일어날지 전혀 알지 못한 채 문제의 병원으로 향했다.

빠른 걸음으로 서둘러 병원으로 가는 길에 오만가지 생각이 다 들면서 무서웠다. 그러면서도 생각보다 큰일이 닥쳐도 잘 헤쳐나가는 나였기에 괜찮았다. '나는 애도 둘이나 낳았는걸! 이쯤이야 약 먹으면 괜찮겠지!'

돌발성 난청입니다. 치료 방법은 없습니다

스트레스를 받았던 걸까?
몸 관리가 소홀했던 걸까?
둘째를 낳고 100일도 안 되어 복직해서 그런 걸까?

이유는 알 수 없지만 모든 일에는 이유가 있기 마련이니 뭔가 문제가 되는 게 있었겠지. 내가 뭘 잘못한 거겠지. 치료 방법은 없다고 말하는 의사가 너무 얄미웠다. '세상에 방법이 없는 게 어딨어. 난 불과 어제 아침까지만 해도 멀쩡했다고!' 처음엔 분노와 거부 심리로 가득 차다가 나중엔 스스로 자책하고 후회하는 감정으로 번져갔다. '그래…. 조금 더 여유를 갖고 나를 돌아봤어야 했는데….' 평소 지나간 일에 후회하지 않는 성격인데 처음으로 시간을 되돌리고 싶다고 생각했다. '다시 돌아가면 영양제도 잘 챙겨 먹고, 몸 생각해서 가끔 휴가도 내고 쉴 거야….'

하지만 늦었다. 이미 나를 돌아보지 않고 소홀했던 날이 모여 긴 시간이 되어 많이 흘렀고 이러한 결과가 나와버렸다. 차갑고 불친절한 의사 선생님은 나에게 평생 이렇게 살아야 한다고 남 일처럼 담담하게 이야기했다. 나는 해결 방법을 계속해서 물었지만, 방법은 없고 원인도 알 수 없다는 차가운 답변만 돌아왔다. 귀도 불편한데 모진 말까지 들으니 너무 외롭고 무서웠다. '아니야 괜찮을 거야 쉬면 될 거야⋯. 쉬자⋯.' 진료실을 나와서 진료비 결제를 위해 안내 데스크로 향했다. 간호사분이 나에게 질문이 빼곡히 담긴 A4용지 한 장을 건네주었다. 질문지는 난청 환자의 일상에 대한 질문지였다.

얼마나 귀가 들리지 않나요?
삶이 무섭고 두려워서 죽고 싶었던 적이 있나요?
얼마나 자주 절망을 느끼시나요?
일상생활이 매우 힘들다고 느껴지시나요?

순간 너무 불쾌하고 끔찍했다. 단 하루 만에 돌발성 난청 장애를 가진 사람이 되었고, 그런 나에게 아무렇지 않게 당신 같은 사람이 살 만한지 얼마만큼 힘든지 궁금하니까 작성 좀 해달라는 냉정하고 뻔뻔한 병원이었다. 나중에 알고 보니 굉장히 불친절하기로 소문난 병원이었다.

대충 설문지를 작성해서 넘기고 처방전을 가지고 나왔다. 병원을 나와 약을 받기 위해 약국으로 향하는 발걸음이 무거웠다. 병원이 아닌 약국 가는 길이 두려운 건 또 처음이다. 약국의 친절한 직원분은 처방전을 받아 들고 내용을 보시더니 나와 처방전 종이를 번갈아 보셨다. 안타깝고 놀란 눈빛으로 나를 바라보시면서 귀가 불편한 지 얼마나 되었는지 물으셨다. 어제 늦은 오후부터 시작되었다고 말씀드리니 아직 24시간이 안 되었으니 괜찮으실 거라며 희망적인 이야기를 들려주었다.

    병원 의사도 가망이 없다며 무시했었는데 약사 선생님의 따뜻한 응원이 나에게 정말 큰 힘이 되었다. 실제 그럴 수 있든 없든 그것은 중요하지 않았다. 거짓된 희망이라도 좋았다.

    사무실로 돌아가 오후 일정을 확인했다. 남아있는 업무를 처리하고 급하게 반차 낼 준비를 했다. 오후 회의는 없었고, 일찍 출근하여 업무를 해둔 덕분에 한결 마음 편히 집에 가서 쉴 수 있을 것 같다. 차마 구체적인 설명은 못 한 채 몸이 안 좋다고 하고 집으로 왔다. 다행히 곧 가족 여행 일정으로 연달아 여름휴가가 계획되어 있어서 이참에 휴가를 즐기기보다 몸을 회복하는 시간을 갖기로 했다.

    가만히 누워서 불편한 귀를 쉬게 하는데 누워있는 내내 가족 생각만 났다. 나로 인해 힘들어할 가족들 생각에 머리가 복잡했다. 약을 먹고 쉬니 귀의 증상이 계속 변화되어 갔다.

가정을 지키고 나를 돌보았어야 했다

한순간에 평범했던 일상이 고장 나버렸다.

내가 어찌할 수 없는 막막함만 느껴지는 시간과 공간의 어느 지점에 혼자 놓인 것 같다. 외로움과 두려움이 온몸을 감싼다. 갑자기 엄마가 보고 싶다. 엄마인 나도 이럴 땐 엄마가 너무 보고 싶다. 이렇게 막막하게 힘이 들 때면 든든한 버팀목이 되어주는 엄마의 그늘이 그리워지지만, 막상 연락은 하지 않는다. 괜한 걱정만 불러일으킬 것이 뻔하기에 애써 감정을 추스르고 만다.

늘 마음이 핑크빛, 하늘빛처럼 밝고 화사한 색이었는데, 한순간에 색을 잃었다. 잘 웃을 수도 없고 어떠한 표정을 짓는 것도 어렵다. 몸을 움직이는 것도 겁이 난다. 내 몸이지만 영 말을 듣질 않으니 화도 난다. 한쪽 귀에 온 신경이 집중되어 어지럽고 답답하다. 잘 듣지 못하고 소음만 요란하게 들리는 오른쪽 귀를 베개에 파묻어 버린다. 베개에서 귀가 살짝 멀어지면 잡음 소리가 들려와서 귀를 있는 힘껏 베개에 묻고 그대로 얼어붙는다. 작은 움직임까지 신경 쓰다 보니 목과 어깨가 결려오는 느낌이다. 모든 것이 엉망진창이다. 이런 내 모습은 내 계획에 없었다.

이제 아이들에게 동화책을 읽어줄 수 없게 됐다. 대화할 때도 공기를 많이 섞어 작은 속삭임으로 대화해야 할 것이고 사람이 많은 곳에 가면 잡음이 섞여 계속 뒤돌아보는 이상 행동을 할 것이다. 그런 불편함이 예상되어 사람들 많은 곳은 피하게 될지도 모른다. 아이들은 엄마의 질병에 대해 언젠가 정확히 알게 될 것이고 조금 불편한 생활을 받아들일 것이다. 화목한 일상이지만 어딘가 빈 것처럼 채워지지 않는 허전한 마음을 느끼며 살아갈지도 모른다.

어디서부터 잘못된 걸까. 출산 후에 나를 좀 더 챙겼어야 했는데 너무 무리했던 걸까. 지나간 일에 후회하는 법이 없는 나에게 이번 일은 후회만 가득하다. 아이들과 남편 그리고 부모님에게 너무나 죄송한 마음이다.

변화가
필요한 순간

"

몸이 아팠던 시기엔 정말 의미 없이 시계의 시침 분침이 움직여요. 그렇게 속 빈 시간만 흐르는데… 멈춰 세우고 싶지만 얄밉게도 참 정직하게 흘러가더라고요. 그때 많이 배웠습니다. 살면서 한 번쯤 큰 결정을 내리는 순간이 온다는데, 저는 그게 조금 일찍 왔었던 것 같습니다.

퇴사를 준비해야겠다

'난 내 일에 진심이었는데….'
'미운 정, 고운 정 다 든 회사 동료들도 있는데….'

정말 이렇게 끝인 건가 싶은 마음이 든다. 한순간에 몸이 망가진 상태로 그만둬야 하는 걸까? 모든 것을 포기해야 할지도 모른다고 생각하니 십여 년 긴 세월 함께했던 공간이 아무것도 아닌 것처럼 느껴졌다. 크고 작은 성과들은 흐릿한 과거가 될 것이다. 내가 남긴 흔적들은 자연스럽게 잊히겠지.

나의 1분 1초는 1년처럼 무거웠지만, 회사의 1분 1초는 정확하게 아무렇지 않게 흘러갔다. 무슨 일이 있건 말건 정직하게 흘러가는 시간이 무심하게 느껴졌다. 불과 며칠 전까지 나에게 소속감을 안겨주던 든든한 회사였는데 더는 다닐 수 없는 상황이 되자 언제든 무 자르듯 싹둑 끝날 수 있는 관계라는 게 새삼 느껴졌다. 이게 당연한 현실인데, 차갑고 냉정하게만 느껴진다.

휴가 동안 조용한 방에 누워 지내며 마음속으로 퇴사를 준비했다. 멍하니 아무것도 생각나지 않았고 맞닥뜨린 거대한 벽 앞에 아무것도 할 수 없는 내가 너무 싫었다. 믿을 수 없는 현실의 황당함에 눈물조차 나지 않았다. 슬픔과 고통이 최고조에 이르면 눈물이 나지 않는다는 걸 알았다.

머릿속에는 그동안 회사에서 지내온 순간들이 파노라마처럼 그려진다. 위아래 블랙 정장 빼입고 어색하게 들어갔던 신입 사원 면접 날, 졸업을 앞둔 크리스마스이브 날 캐리어를 끌고 설레는 마음으로 신입 사원 합숙 연수를 떠나던 날, 팀에 배치받아 만났던 마음 따뜻한 선배님들, 그리고 매일 즐겁게 일하고 부딪치며 성장했던 순간들…. 여러 장면이 겹쳐 생각나면서 그 끝에 청력을 잃고 아무것도 할 수 없는 내가 보였다. 나는 무엇을 위해 그렇게 달려왔던 걸까. 마음을 다해 행복하게 살아왔다고 생각했는데 이렇게 망가져 버린 몸 앞에 그게 다 무슨 의미가 있었나 싶다.

아이러니하게도 몸이 아파지고 나니 공들여 진행하던 프로젝트는 까맣게 잊었다. 퇴근 후에도 무의식중에 머릿속을 맴돌던 회사였는데, 인생의 큰 벽을 마주한 지금, 이 순간, 회사는 나에게 더 이상 아무런 의미가 없다.

지나고 보면 아무것도 아니었는데 왜 그렇게 마음속으로 울고 웃었을까. 좀 더 행복하게 즐기면서 했어도 됐는데 싶다. 반복되는 일상에서 힘 빼고 있어야 할 순간에 너무 힘주고 있었고, 힘주고 꽉 쥐어 붙들고 있어야 할 것들에는 힘이 빠져 놓쳐버리고 말았다. 몸이 아파지니 이제 어떠한 마음으로 직장과 가정, 일상에서 나의 삶을 살아가야 하는지 선명하게 보이기 시작한다.

버건디
가죽 코스터 위에
물 한 잔

'마음속 퇴사'를 준비해야 하는 상황에 놓이니 머릿속이 복잡하다.
행복하고 싶어 시작한 일이 나에게 독이 되어 돌아왔다.
일과 가정의 밸런스를 지켜내는 것은 역시 어렵다.
그럴지만 이대로 포기하기엔 우리의 인생 스테이지는 아직도 많이 남아있다.

일을 멈추고 싶진 않다

100세 시대에 적어도 60년은 더 살아야 하는데….

웬만한 큰일에도 흔들림이 없는 편인데 생각지 못한 벽 앞에 두려운 마음이 든다. 실패 없는 도전을 해야 하는 상황에 놓인 것 같아 막막하다.

인생을 살다 보면 한 번쯤 깨달음을 얻고 인생을 바라보는 눈이 달라지는 계기를 겪게 된다. 그 계기는 한 차례 강하게 올 수도 있고 몇 차례 잔잔하게 올 수도 있다. 나는 30대 중반에 건강을 잃으면서 삶을 대하는 마음가짐이 달라지는 계기를 겪었다. 건강을 놓친 시점에 다시 이 넓은 삶 속의 나를 바라보게 되었고, 자연스럽게 변화가 필요한 시기임을 받아들이게 되었다. 이제 나에 대해 깊이 생각해 보고 현실적인 상황들을 고려하여 변화를 준비하려고 한다.

나는 아이 둘을 키우는 대한민국의 평범한 워킹맘이다. 건강을 잃은 지금 평범하지만은 않은 엄마가 되었지만, 내 꿈과 가정을 모두 안정적으로 양립하길 원하는 그 마음만은 평범한 워킹맘이다. 직장을 쉬고 싶지는 않다. 하던 일을 멈추고 싶은 마음은 없다. 지금 아이들은 엄마, 아빠의 손이 매우 필요하지만, 몇 년 뒤엔 상황이 많이 바뀔 것이다. 그땐 부모보다 친구들 사이에서 어울려 놀며 하교 후에 학원 스케줄을 소화하며 바쁘게 지낼 것이다. 엄마 손 잡고 다니는 것보다 친구들과 팔짱 끼고 몰려다니며 간식 사 먹는 시간을 더 원할 것이다. 몇 해만 지나면 엄마 아빠의 밀착 육아가 필요 없는 시기가 온다.

모든 일을 쉬고 건강에 집중하며 아이들을 돌본다면 몇 년 뒤에 나는 흔히 말하는 경단녀경력이 단절된 여성을 줄여서 부르는 말가 될지도 모른다. 출산과 육아의 시기도 씩씩하게 보냈던 나인데 건강 때문에 경단녀가 된다면 너무 억울할 것 같다. 물론 아이를 돌보며 집안일을 하는 베테랑 전업맘, 전업대디도 계시지만 나는 그런 성격이 못 됨을 안다.

건강도 찾고 육아도 잘 해내면서 내 꿈도 잃지 않는 내가 되고 싶다. 나는 그렇게 다시 욕심 많은 엄마가 되기로 했다.

정신이 몸을 지배하면 벌어지는 일

적막이 흐르는 안방 침대에 홀로 누워
끝없이 펼쳐지는 공포와 외로움을 느끼며
마음속으로 눈물을 흘렸다.

온 신경을 모아 창밖의 소리에 집중하면서 바람 소리, 새소리에 귀 기울여 본다. 새삼 세상의 모든 소리가 소중하게 느껴진다. 안방 밖에서 들려오는 아이들의 재잘대는 낭랑한 목소리가 들리고 낮은 저음의 달콤한 남편 목소리도 들린다.

"엄마! 저 이거 읽어주세요~" 안방 문을 열고 들어오는 사랑스러운 딸의 목소리. 또렷이 잘 들리지 않고, 이상한 소음이 섞여 들리면서 귀가 아프고 머리가 아파 너무 괴롭다. 책을 읽어주고 싶은데 이게 뭐라고 이렇게 어려운 걸까. 남편이 따라 들어와 급하게 아이를 데리고 나간다. 엄마가 귀가 아파서 쉬어야 한다는 말을 잘 이해하지 못하는 딸의 표정이 보인다. 문이 닫히고 나는 다시 고요한 방에 혼자 남았다. 지독하게 고요한 이 공간이 너무 싫다. 그냥 가만히 누워있자니 영 불안해서 나와 비슷한 증상의 사람들이 남긴 이야기를 핸드폰으로 검색하여 찾아보기로 했다. 침대에 누워 난청 환자의 일상 블로그도 보고, 같은 증상을 가진 채 살아가다가 결국 완전히 모든 청력을 잃었다는 안타까운 글도 보인다. 그러다 문득 궁금해져 장애인 카드 발급 절차도 알아본다. 순간 모든 것을 포기하고 받아들인 것 같은 내 모습이 너무 싫어서 온 마음으로 거부하려 애쓴다. 보고 있던 화면을 다 끄고 눈을 감았다. 아직 1%의 희망이 있으니 다시 회복을 위해 최선을 다해보자고 스스로 응원해 본다. 방문 밖에서 들려오는 아이들 목소리가 내 마음을 더욱 재촉한다.

'그래. 할 수 있어. 난 무조건 나을 거야.'
'내 귀도 청력도 다 내 것이니까. 내가 컨트롤하면 돼.'

그 어떤 약보다 가장 강한 약은 스스로 치유하고자 하는 마음이라고 믿는다. 나는 지금 계속해서 나아지고 있고 앞으로 더 나아질 것이다. 그러다 머지않아 내 몸은 원래대로 돌아올 것이다. 아무런 스트레스를 받지 않으려 마음을 바로잡고, 소음을 차단한 채 명상 소리에만 집중해 본다. 마음을 차분히 가라앉히고 명상 음악 속 자연의 소리에 귀를 기울인다.

매시간 신기하게도 증상이 몇 번이고 바뀌어 갔다. 그러면서 점차 호전되는 것 같은 기분이 든다. 어떤 때는 내가 말하는 목소리가 잡음으로 겹쳐서 들리고, 또 어떤 때는 목소리를 내어 말하면 이상한 소리가 같이 소리의 음절에 맞추어서 들린다. 마치 몸속 부속품들이 고장 난 것 같아 등줄기에 땀이 흐를 지경이다. 또 어떤 때는 딸의 목소리 주파수에만 잡음이 들린다. 아들이 말을 걸면 온전히 잘 들리는데 딸의 목소리에만 잡음이 들린다.

　내 목소리에 반응하던 잡음은 사라져서 좋았지만, 증상이 사라지면서 딸의 목소리에 맞춰서 잡음이 들리는 증상이 새로 생긴 것이다. 아마 여자 목소리의 특정 주파수에 반응하는 것 같다. 계속 증상이 변하다 보니 몸이 고장 난 것 같아 이상하다. 이러한 변화의 끝이 영원히 청력을 잃는 것은 아닐까 싶어 두려운 마음이 든다. 증상이 변할 때마다 병원에 가서 이야기하려고 기록해 두기로 했다.

　그렇게 지독했던 시간이 흐르고 다양한 증상이 반복되더니 며칠 뒤, 나의 청력은 기적처럼 돌아왔다. 분명 다 나은 것 같다. 잡음이 모두 사라지고 깨끗하게 들린다. 그동안 말로 표현할 수 없는 증상들로 가득했는데, 모두 호전되어 가는 과정이었나 보다. 골든타임 안에 약을 먹으면서 쉬었던 게 효과가 있었을까. 분명 완치는 없다고 냉정하게 의사 선생님이 그랬었는데….

　증상이 호전되어 너무 기뻤지만, 마냥 기뻐하기엔 불안하기도 하다. 이러다 갑자기 다시 나빠질 수 있다는 생각에 명상 음악을 들으며 몸과 마음을 편하게 쉬는 시간을 유지했다. 매일 수시로 가족들에게 말을 걸어달라고 하며 셀프 주파수 청력 테스트를 계속해 본다. 잠들기 전에는 난청 앱을 통해 주파수 테스트를 점검하고, 아침에 일어나면 왼쪽 오른쪽 귀가 모두 온전히 들리는지 테스트하는 게 일상이 되었다.

　깨끗하게 들리는 게 이제 안정화된 것 같다는 확신이 들었을 때, 그

제야 참았던 눈물이 흘렀다. 정말 막막하고 슬플 때는 눈물조차 흘릴 마음의 여유가 없었는데, 증상이 나아지니 괴로웠던 시간이 눈물이 되어 멈추지 않고 흘렀다. 살면서 그렇게 흐느껴 울었던 적이 없었던 것 같은데…. 인생을 살면서 10년, 20년 뒤에 한 번쯤 겪을법한 그 어떤 무섭고 어두운 일을 미리 겪어버린 느낌이다. '살았다. 저에게 다시 기회를 주셔서 너무 감사합니다….' 멈춰있던 시간 속에 갇혀있던 나는 안방을 나와 아이들을 껴안았다.

"엄마 다 나았어!! 이제 들려!!"
"엄마~! 이제 괜찮아요??"
"응!! 엄마가 책 읽어줄게!"

걱정스러운 눈망울로 나를 바라보던 아이들의 표정이 밝아졌다. 이제 아이들에게 마음껏 책을 읽어줄 수 있음에 감사하다. 선물처럼 주어진 삶 앞에서 다시 열심히 살아보고 싶은 마음이 든다.

지독하게
고요함이 가득했던
안방

내가 좋아하는 공간에 갇혀 외부의 소리는 차단한 채
밖에서 들려오는 새소리에 집중했다.

준유이 손 편지

오른쪽에서 왼쪽으로 이름을 쓰던
유준이 별명은 '준유이'이다.
준유이 편지는 늘 재밌다.

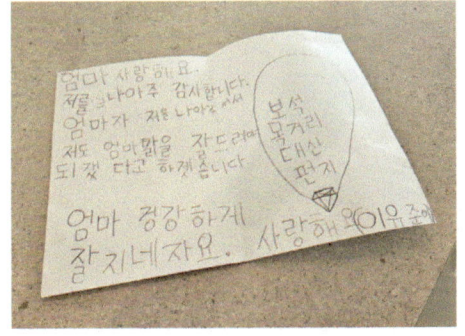

인생은 다양한 모드의 게임 스테이지

우리의 인생 시계는 모두 같은 속도로 흘러간다.

당신은 올바른 선택을 하며 주어진 시간과 체력을 사용하고 있는가? 꽤 잘 살고 있다 생각하는가? 건강, 일 그리고 사랑까지 모두 잘 쟁취하였고 만족하는가?

인생은 마치 게임 스테이지 같다. 어떤 정답이 있는 인생이 아닌 그저 다른 모드의 인생을 서로 다르게 선택하며 살아가는 게임과 같은….

첫 스테이지는 대부분 비슷하다. 유년기와 청소년기 스테이지는 주변 어른들의 돌봄과 걱정 속에 살아간다. 살아가는 과정에서 수없이 많은 어른이 나를 스쳐 지나가며 올바른 방향으로 나아갈 수 있도록 지켜봐 준다. 자신을 스스로 챙기지 않아도 주변 어른들이 챙겨주고 알려주며, 도와주고 걱정해 주며 격려해 준다. 실수해도 아직 그럴 수 있다며 기회를 한 번 더 주기도 한다. 돈은 벌지 않아도 되고 그냥 앉아서 공부만 하면 된다.

꽤 혜택이 있는 유년기, 청소년기 스테이지가 지나가면 20대 자유와 젊음의 스테이지가 펼쳐진다. 이때는 각자의 선택에 따라 다양한 게임 모드로 나뉜다. 공부도 선택, 직업도 선택, 연애도 선택, 결혼도 선택이다. 다만 자신의 선택에 따른 결과는 모두 스스로 책임져야 한다. 건강을 챙기는 것도 본인 몫이다. 20대는 생각보다 건강한 내 체력이 당연하게 느껴지고 자부심이 느껴지기도 한다. 며칠 밤을 새워도 나쁘지 않다. 이 스테이지에서 놓치면 안 될 부분은 이 시기에 건강을 챙기는 모든 행동은 현재 스테이지가 아닌 다음 스테이지를 위한 투자라는 점이다.

20대 젊음을 즐기다 보면 결혼 선택의 길에 놓이게 된다. 여기서 자연스럽게 인생의 세 번째 길이 나뉜다. 결혼을 선택한다면 시댁과 처가가 생기고 자녀 양육에 대한 옵션이 생긴다. 아이를 낳고 기른다면 워라밸이 조금 무너질 것이고, 건강도 빠르게 손실될 것이다. 하지만 돈으로 살 수 없는 행복은 계속해서 배로 늘어날 것이다. 나는 어느덧 육아 스테이지에 와있고, 세컨드 라이프를 바라보고 있다.

20대에 건강을 챙기지 못했던 나는 출산과 육아 스테이지에서 와르르 무너져 버렸다. 대수롭지 않게 생각했던 건강에 적신호가 켜지면서 선택에 대한 무거운 책임을 느꼈다. 이제 겨우 몇 단계의 스테이지를 겪었을 뿐이다. 앞으로 만날 스테이지를 위해 다시 힘을 내어서 일어서면 된다. 일어나서 몸을 움직이고 땀을 흘리며 운동하자. 지금 나이에 챙겨 먹어야 할 필수 영양제도 잊지 말고 챙겨 먹자. 별것 아닌 것 같은 날들이 모여 큰 결과를 만든다.

이제는 사람도 가려 만나자. 우리는 어른이니까 괜찮다. 불편해도 서로 사이좋게 놀아야 하는 건 유치원생 때나 하는 짓이다. 만나고 나서 찝찝한 기분이 드는 묘한 사람은 만나지 말고 만났을 때 행복한 사람들만 만나자. 나의 시간과 마음은 소중하니까 행복하고 좋은 생각만 하자. 기분 나쁜 말도 그냥 흘려듣고 말자.

내 인생의 스테이지는 나만이 결정할 수 있다. 내 마음과 몸을 챙겨주며 다음 인생의 스테이지를 준비하자. 다음 스테이지를 행복하게 보내고 나면 또 그다음 스테이지가 기대될 것이다. 지금 내 상태로는 건강하고 밝은 40대를 기대할 수 없지만, 왠지 다시 잘해낼 수 있을 것만 같은 확신이 든다. 이유는 알 수 없지만 나는 나를 믿으니까 멋진 미래가 다가올 것만 같은 느낌이 든다. 가슴이 쿵쾅쿵쾅 강하게 뛰는 떨림과 함께 기대되고 설렌다.

STAGE 3

나의 발견

세컨드 라이프의 시작

"

다 부질없더라고요. 왜 그렇게 별일 아닌 것에 감정을 쏟았는지…. 얼마나 진심으로 일해왔는지 저는 저를 알기 때문에 스스로 더욱 안쓰럽고 가여웠어요. 그래도 고생했다 말해주고 싶어요. 너 참 애썼다.

다시 찾은 평범한 일상

**나에게 공포 그 자체였던,
냉정했던 그 병원에 다시 갔다.**

증상이 호전된 것 같다는 내 말에 의사는 믿지 않는다. 차가운 그의 태도에 나는 또 은근히 상처를 받아버렸다. 역시 나랑은 맞지 않는 곳임이 틀림없다. 청력 검사실에 들어가 다시 검사를 진행했다. 결과는 모두 정상. "이유는 알 수 없지만 다 낫긴 했네요?!" 의사는 내게 축하는커녕 황당하다는 리액션만 보여주었다. 그래, 어찌 되었든 나는 다 나았다. 다시 살아볼 기회를 얻은 기분이 들었다.

당연했던 일상의 소중함이 느껴지면서 다시 일을 시작했다. 일이 너무 재미있었고, 어린이집으로 들어가는 아이들의 모습도 새삼 더욱 사랑스럽게 느껴진다. 오늘 날씨가 조금 쌀쌀한 것 같아 얇은 겉옷을 가지런히 접어 가방에 넣어주었다. 계절에 맞지 않는 옷을 입혀 보냈던 지난날은 다시 반복되지 않는다. 오늘 있을 어린이집 일정도 아이들에게 미리 이야기해 주며 설레는 하루를 시작할 수 있도록 했다. 행복한 아이들 미소를 보니 그 행복이 나에게까지 전해져 온다.

모든 것이 안정화된 느낌이다. 다시 일상을 찾은 것 같아 행복하다. 더 이상 시간이 어떻게 가는 줄도 모른 채 끌려다니는 하루가 아닌 월

화수목금토일을 온전히 즐기는 하루를 보낼 수 있다.

    그동안 소홀했던 내 일상의 공간인 집을 예쁘게 정리했다. 몸이 아프고, 회복하는 동안 손댈 수 없었던 집 정리를 다시 시작했다. 눈에는 다 보이는데 몸을 움직여 할 수 없어서 어찌나 속상하던지…. 아이들의 방을 꾸며주고, 침실을 정리하고 모든 일상이 다시 예전으로 돌아간 것 같아서 너무 좋았다. 아침에 일어나면 창문을 열고 이불을 걷어 햇빛을 받아 살균을 해주고 살균된 이불을 각 잡아 정리한다. 긴 머리는 올려 묶어 세수와 양치를 하고, 주방으로 나와 체온과 비슷한 미온수를 마셔 몸을 정화한다. 그리고 공복에 챙겨 먹는 유산균을 꼭 빼먹지 않고 먹는다. 개운한 몸으로 제일 좋아하는 음악을 틀어두고 설레는 하루를 시작한다.

    출근 후에 자리에 앉아 PC를 켜고 메일을 체크하며 오늘 해야 할 일을 포스트잇에 적어 나열한다. 일의 가중치를 두어 오전과 오후에 처리해야 할 일들을 순서대로 적어 둔다. 퇴근할 때 모두 체크 표시된 포스트잇을 꾸깃꾸깃하며 쓰레기통에 버리고 게이트를 빠져나와 주차장으로 향하면 내 하루 업무는 끝난다.

    몸이 회복되면서 아이들을 위한 연령 발달에 맞춘 육아 공부를 하기 시작했다. 일과 병행하는 과정에서 아이들 연령에 맞춘 육아 시기를 놓치는 경우들이 있었다. 영유아 시기에는 마냥 즐겁고 행복하게 놀기만 했는데 이제는 어느덧 공부할 것도 많은 예비 초등학생이다. 유익한 문화 활동과 체험 프로그램들을 알아보며 사전 예약이 필요한 프로그램은 미리 예약해 둔다. 선착순 접수가 필요한 프로그램은 알람을 설정해 두고 시간 맞춰 신청 버튼을 누른다. 깊이 알아볼수록 미리 준비해 줘야 하는 것들이 많음을 느낀다. 신청하는 부모님들이 어찌나 많은지 아무리 빨리 신청 버튼을 눌러도 성공하기 쉽지 않다.

이제 귀가 나았으니 책 육아도 빼놓을 수 없다. 어린이 도서관을 다니면서 책 육아를 시작했다. 귀가 아팠던 시기에는 읽어줄 수 없던 책들을 신나게 읽어주었다. 퇴근 후에 지친 몸이지만 몇십 권을 읽어도 하나도 힘들지 않았다. 읽어주면서 아이들의 목소리를 들을 수 있다는 게 얼마나 감사한 일인지 모른다.

간혹 몸이 피곤할 때면 옅은 이명이 들리기도 한다. 과거의 건강했던 나로 온전히 돌아가는 것은 힘들어졌지만 그래도 이렇게 아이들과 대화하고 책을 읽어줄 수 있는 지금이 무척 행복하다.

이 세상에 당연한 것은 없다. 모두 축복 속에 주어진 일상이기에 감사함을 느끼며 살아야 한다.

지금 하는 일, 내가 사랑하는 주변의 모든 사람, 아이들과 남편, 부모님 그리고 가족들이 더욱 소중히 느껴진다. 21년 8월 여름의 끝자락, 나는 주어진 일상이 특별한 기회임을 깨달았다.

일상이
이렇게
아름다웠네

일과 육아를 병행하던 일상이 원망스러웠던 적도 있었다.
마음껏 쓸 수 없는 내 시간, 두 배로 분주히 바쁜 몸. 모든 것이 너무 아쉬웠다.
몸이 아프고 나니… 그렇게 생각했던 과거의 내가 부끄러웠다.
진짜 중요한 것들을 가장 가까운 곁에 두고도 반복되는 일상에 지쳐 잊고 있었다.

나에게 연민을 느꼈다

몸이 아팠던 기간 동안, 잊고 있던 나를 발견했었다.

'너 참 열심히도 살았구나. 근데 이게 뭐니…. 그래서 결론은 이렇게 되었네. 무엇을 위해 그렇게 열심히 살았대?' 여러 생각과 감정들이 겹치면서 스스로 너무 불쌍하다는 느낌이 들었다. 이런 게 자기 연민 Self-compassion 인 건가?

왜 그렇게 작은 일에 목을 매고 감정 소모했던 걸까. 그러는 동안 정작 본인 스스로는 챙기지도 못했으면서 참 한심하다. 한심하고 초라한 내가 보이는데 그 모습 뒤로 최선을 다해 달려왔던 내 모습이 보였다. 참 가엾다. 나는 알고 있다. 이 사람이 그동안 얼마나 순수한 마음으로 성실하게 열심히 살아왔는지…. 누구를 욕할 줄도 모르고, 누군가를 원망하는 법이 없던 이 답답한 사람이 얼마나 좋은 사람인지 나는 알고 있다. 잊고 있던 내가 느껴졌고 나에게 말해주고 싶었다. '그래 잘했네. 애썼다.'

언젠가부터 생긴 못된 버릇이 있다. 다른 사람에게는 너그럽고 후한데, 정작 나에게는 그렇지 못하다. 친한 친구를 대하듯이 나 자신을 대해야 한다는데 남보다 못한 나로 대했다. 조금 손해 봐도 나는 괜찮앉고, 조금 불편해도 상대방이 그게 더 괜찮다면 나도 괜찮았다. 싫어하는 음식, 싫어하는 스타일이 분명히 있었던 것 같은데 여러 사람과 함께하는 상황에서 내 생각만 할 수 없다고 생각했던 것 같다. 다양한 단체 모임도 많이 하고 회사 조직 생활도 오래 하다 보니 자연스럽게 익숙해졌던 것 같다. 싫어도 맞추면 그만이고 맞추기 어렵다면 포기하는 편이 마음 편하다고 생각했다.

그렇게 하나씩 내 몫을 내려놓으면서 조금씩 무뎌졌다. 맞춰 살다 보니 나의 색을 잃었고, 나를 잊고 살고 있었다. 취향을 신경 쓸 겨를이 어딨냐는 생각에 나 스스로를 소모품 대하듯 가볍게 여기고 판단했다. "아무거나"라고 말하니 '아무런 사람'이 되어버린 것 같다. 아무거나 먹고 아무렇게나 생각해도 되는 그런 사람.

나를 충분히 아끼고 사랑하고 있다고 생각했는데 정작 행동은 그렇지 못했다. 나에게도 너그러운 마음으로 기회를 주자. 취향과 생각을 존중해 주고 나를 챙기는 연습을 하자. 우리는 충분히 그러한 자격이 있다.

> 미국 심리학자 크리스틴 네프 교수는 《러브 유어셀프》 책을 통해 자기 연민(Self-compassion)에 대한 중요성을 이야기했다. 자기 연민이란 내가 스스로 나 자신을 위로하고 내가 내 아픔과 고통에 공감하는 것이다. 친한 친구를 대하듯이 자기 자신을 대해야 한다고 하며 자기 연민이 낮으면 우울과 불안이 높고, 자기 연민이 높으면 삶의 만족도도 높아진다고 한다.

아이를 키우다 내가 놓치고 있는 것은 없을까?

'나는 지금 잘 살고 있는 걸까? 내가 놓치고 있는 것은 없을까?'
잊고 있던 나를 살피기 시작했다.

아이를 키우는 부모는 본인의 삶을 잊고 살아가기 쉽다. 아이 키우며 일하다 보면 순식간에 해가 바뀌어 간다. 아이 크는 거 보다 보면 순식간이라는데 정말 그 말이 맞다. 두 발로 걷는 감격을 느낀 지 얼마 안 된 것 같은데 어느새 어린이집을 졸업하고, 유치원을 졸업하고, 이제 곧 학교를 다닌다. 품 안에 쏘옥 들어오던 아이는 몸이 길쭉해져 꼬옥 안으면 다리가 바닥에 닿을락 말락 한다. 작년에 사준 예쁜 옷들도 해가 지나니 맞지 않는다. 벌써 세월이 이렇게 흘렀구나 싶다.

긴 시간 동안 나도 나의 삶에서 조금은 성장했던 걸까 문득 궁금해진다. 연초에 업무 계획을 짜고 진행하다 보면 어느 순간 올해 있었던 업무 결과를 정리하고 있는 시기가 온다. 그렇게 한 해 한 해 보내다 보면 눈 깜짝할 사이에 연차는 쌓여가고 어느새 또 연말이 되어있고 또 한 해를 시작하는 시점이 되어있다. 그러다 보니 회사 업무 외에 무언가를 생각할 여유는 없었다. 중간에 운동하러 가는 시간도 겨우 확보할 정도였다. 퇴근 후에는 아이들 먹을 것을 챙겨주고, 숙제와 공부도 봐줘야 한다.

　정신없는 나의 삶처럼 아이들도 바쁘다. 한 뼘 더 자란 아이들은 이전과 다른 새로운 경험들을 하고 있다. 매해 새로운 이벤트의 연속이다 보니 나를 챙길 여유 시간이 없다. 일도 하고 육아도 하면서 나를 살피기에는 하루 24시간이 모자랄 지경이다.

　그래도 희망적인 부분이 있다면 모든 일은 익숙해지는 시점이 온다는 것이다. 아이를 돌보는 것도 익숙해지고, 제법 나의 감정을 컨트롤하며 육아 스트레스도 덜 받을 수 있는 스킬도 생긴다. 회사에서 맡는 업무 강도는 해마다 높아지겠지만 업무도 1년 사이클의 패턴이 있기에 하나둘씩 수월해져 가는 시점이 온다.
　익숙해져 조금 여유가 생긴다면 매해 스스로 계획한 만큼 예상한 만큼 잘 성장해 가고 있는지 그리고 지금 나는 행복한지 물으며 나 자신을 살필 수 있는 여유를 가져야 한다. 성장의 속도가 더뎌지고 멈춰 있는 것이 느껴진다면 변화를 주어야 한다.

잘 때가 제일 **귀엽다**

아이들을 키우는 동안
내 삶에서 놓치고 있는 것은 없을까.
아이들 커가는 것을 보다 보면
시간이 너무 금방 흘러감을 느낀다.

얘들아, **아프지만 말아줘**

자는 모습만 봐도 어디가 불편한지 알 수 있는 엄마가 되었다.
퇴근 후에 만난 아이들의 표정만 보아도 오늘 하루가 어떠했는지 느껴진다.

나는 가짜 디자이너였을지도 모른다

"밀라노 출장을 오신 걸 보니… 혹시 디자이너세요?"
"네! 디자이너예요~"
"와 반가워요~ 저도 디자이너예요! 무슨 디자인 하세요?"
"(의아해하며) 무슨 디자인이요…? 앗 저는 그냥 무엇이든 할 수 있는 디자이너예요~"

이탈리아 밀라노에서 열리는 밀라노 디자인 위크 출장을 끝내고 한국으로 돌아오는 비행기에서 다양한 인연들을 만날 수 있었다. 대부분 이번 디자인 박람회 방문을 위해 먼 비행길에 오른 사람들이었다. 이때 만난 사람들과의 대화는 나의 세컨드 라이프 설계에 적지 않은 영향을 주었다.

돌아오는 비행기 옆자리에 앉은 인자한 인상을 가진 홍콩계 남자분과 육아와 교육 그리고 회사 생활에 대한 이야기를 나누었다. 미국 최대 은행인 JP모건에 다니고, 레이싱을 좋아해서 대회를 위해 자주 한국을 방문한다는 그는 남다른 육아 교육관을 갖고 있었다. 그와의 대화는 긴 비행시간 동안 지루할 틈이 없었는데 이보다 좀 더 특별했던 인연이 있었다.

밀라노에서 한국으로 향하는 비행기가 뜨기 전, 밀라노 공항에서 우연히 한국 여성분을 만났다. 어쩐지 한국에서 한 번쯤 만났을 것 같은 익숙한 스타일에 귀여운 인상을 가진 그녀는 밀라노에서 오랜 기간 디자이너로 일한 20대 중반의 아가씨였다. 이제 한국으로 돌아가 남자 친구와 함께 직접 그린 그림을 걸어 갤러리 카페를 운영할 계획이라고 하는 그녀는 밀라노에서 작업한 디자인 결과물이 담긴 책을 선물해 주며 본인의 디자인을 소개해 주었다. 작업물을 보니 정확히 어떤 일을 맡은 사람인지 궁금해져서 물었으나 그녀는 자신을 무엇이든 할 수 있는 디자이너라고 소개했다. 제품 디자인을 하는 사람인 걸까? 나는 다시 구체적인 직업을 물어보았고 머지않아 나의 질문이 어리석은 질문이라는 것을 깨달았다.

"그럼, 구체적으로 어떤 디자인 일을 맡고 계세요?"
"(밝게 웃으며) 여기 밀라노 디자인 스튜디오에 있는 디자이너들은 대부분 꼭 어떤 한 가지 역할만을 하지 않아요. 그렇게 물어보는 사람도 잘 없어요~ 그냥 저는 다 할 수 있는 디자이너예요~ 책도 만들 수 있고, 그림도 그릴 수 있고, 제품도 만들 수 있어요!"

회사에서 특정 분야의 업무를 맡아 한정된 역할을 수행하는 나는 나를 GUI 디자인을 담당하는 UX 디자이너라고 소개했다. 어쩐지 내 능력이 제한된 것 같다. 같은 창의적인 일을 하는 디자이너인데 나는 그런 디자이너 같지 않은 묘한 감정이 든다.

회사 일은 직급이 올라가면서 더욱 강도 높은 책임감이 필요한 일을 맡기도 하고 다양한 업무가 주어지며 변화하지만, 직무에 맞는 한 가지 영역의 일만 하게 된다. 한 가지 분야의 일을 깊이 연구하는 것은 전문성이 생길 수 있는 장점이 있지만 어쩐지 그 분야 안에서만 갇히는 것 같은 느낌은 지울 수 없다.

대부분의 회사는 효율적인 업무 프로세스를 위해 직원 개개인의 능력에 맞는 역할을 부여하고 막힘없이 수행하길 기대한다. 조직의 성장을 위한 기본적인 인력 세팅이다.

현실이 그러했어도 마음가짐을 달리했다면 나는 더 다양한 가능성을 가진 디자이너로 성장할 수 있지 않았을까. 내 마음가짐이 잘못되었음을 느낀다.

처음 디자이너 꿈을 꾸었을 때부터 지금까지 줄곧 마음속에는 세상을 밝게 하는 디자이너가 되고 싶은 꿈이 있었다. 그렇게 되기 위해 나는 무슨 노력을 했을까. 회사는 절차와 직급에 따른 역할이 있기에 차근차근 성장하며 맡은 업무를 수행해 왔다. 그 과정에서 스스로 능력을 제한하지 말았어야 했다. 맡은 역할이 한정적이어도 한정된 일에 갇힐 필요는 없었다.

업무 외 시간을 활용해서 하고 싶은 것을 해낼 수 있는 사람이 될 수 있도록 애쓰면 된다. 상황과 조건을 탓하기보다 어떠한 환경에서든 성장할 무한한 가능성 있는 나를 알아주자.

내가 좋아하는 것,
내가 잘하는 것

"

이모가 그림 그리는 화가셨어요. 당시엔 그림 그리는 일이 돈만 많이 들고 크게 벌지는 못한다는 사회적 인식이 있어서 부모님께서는 제가 그림을 그리는 것을 반대하셨어요. 그랬던 부모님도 나중에 대기업 디자이너로 입사하고 멋지게 성장하는 제 모습을 보면서 그때 응원해 주지 못한 것을 후회한다고 하시더라고요. 그런데 저는 이 모든 게 부모님 덕분일지도 모른다는 생각이 들어요. 늘 부모님께 저의 선택이 틀리지 않았음을 증명하고 싶었거든요. 그래서 더 치열하게 살아왔는지도 모릅니다.

나는 10년 뒤에 어떤 모습일까

회사 안에서의 10년은 너무 빠르게 흘러간다.

우리는 한 번쯤 멈춰 서서 10년 뒤 나의 모습을 생각해 볼 필요가 있다. 지금 하는 일의 전문가가 되어 팀의 리더가 되어있을까, 아니면 10년 동안 고인 물이 되어있을까.

아이를 키우다 보면 시간은 더 빠르게 흘러간다. 매해 예상하고 기대한 만큼 변화하고 성장하였는지 확인해야 한다. 그렇지 않으면 고연봉에 꽤 괜찮은 인프라를 맘껏 누리며 허송세월 보내기 딱 좋은 게 우리나라 대기업 직장인이다.

회사 안팎에서 달성하고 싶은 단기적인 목표와 중장기적인 목표를 잡아보자. 나는 매해 성장의 목표를 정하고 그만큼씩 달성해 왔지만, 어느 순간 장기적인 목표에 대한 준비가 세부적으로 짜여있지 않았음을 발견했다. 5년 뒤, 10년 뒤, 내가 원하는 것은 무엇일까? 주변의 뛰어난 역량을 가진 부장님과 임원들처럼 조직의 리더가 되고 싶은 걸까? 대기업에서 오랜 기간 체계적인 시스템을 익혔고, 그 과정에서 디자이너로서 일하며 동료들과 함께 멋진 디자인 결과물을 만들어 회사 이익이 될 수 있는 일들을 해왔다.

> 10년 뒤에도 나는 이러한 일을 하고 싶은 걸까?
> 몇 년 더 보내고 20년 차가 되었을 때, 20년의 회사 세월이 나에게 만족스러울까?
> 그렇다면 20년 이후에 삶은 어떻게 할 것인가.

꼬리에 꼬리를 물며 물음표 가득한 내 인생 스테이지들이 눈앞에 그려진다. 나는 지금 내가 좋아하는 것과 내가 잘하는 일을 하고 있는 걸까. 너무 오래 이 생활이 익숙해져 버린 것 같아 두렵다.

'나'라는 사람을 조금 더 생각하자. 자신을 마주하기 어렵다면 작은 것부터 시작해 보자. 나는 어떤 색깔을 좋아하지? 내가 좋아하는 주말은? 가벼운 질문을 통해 나를 들여다보고 조금씩 깊은 생각이 필요한 질문으로 옮겨 가보자. 나는 어떤 사람일까? 내가 좋아하는 것은 무엇일까? 나에게 던지는 물음표 앞에 진솔하게 생각을 나열해 본다.

나는 다양한 사람을 만나 대화하기를 좋아하고, 내 일상에서 미처 발견하지 못한 새로운 것을 발견하기를 즐긴다. 일을 할 때는 함께 일하는 동료들과의 시너지를 중요하게 생각하는 편이다. 혼자만의 성장이 아닌 함께 성장하는 과정을 통해 일의 만족감을 느낀다. 나만 앞서가는 인생보다 조금 느려도 함께 웃으며 달려가는 인생이 좋다. 일의 성공도 좋지만, 그보다 나를 더 가슴 뛰게 하는 것은 누군가를 도왔을 때이다. 나로 인해 타인의 마음이 좋아지고 성장한다면 스스로 '오늘 참 괜찮은 하루였네!'라고 생각하며 성취감을 느끼는 편이다.

투명 상판
테이블 위에 펼쳐진
자기 계발 서적

시간이 너무 빠르다. 아이들도 어느새 예비 초등학생이 되었다.
책을 보면서 다시 마음을 가다듬고 열정의 불씨를 지펴본다.
10대, 20대, 30대… 그리고 40대를 바라보는 지금,
과거와 현재의 나를 돌아보고 좋아하는 것, 잘하는 것을 시작해 보자.

스스로 쟁취해야 했던 나의 10대

나의 10대는 여러 의미로 특별했다.

가고자 하는 길과 갈 수밖에 없는 길을 두고 이상과 현실 사이의 괴리감을 느끼며 스스로 선택하고 쟁취하는 삶을 살아야 했다. 외할머니가 꾸신 내 태몽이 자수성가하는 자손을 얻는 꿈이라더니 정말 태몽 같은 삶을 살았던 것 같다.

어릴 적부터 미술에 재능이 많다는 말을 많이 들었다. 하지만 미술 공부를 할 수는 없었다. 그림을 그리는 화가이신 이모가 계셨기에 엄마는 어른이 되어 미술을 하는 삶이 어떠한지 어느 정도 알고 계셨다. 미술용품은 돈이 많이 들고, 들인 비용과 노력에 비해 공무원이나 대기업 직장인처럼 안정적인 생활을 하기 어렵다고 생각하신 부모님이었다. 어린 나이였지만 부모님이 나의 재능에 부담을 많이 느끼셨음을 알고 있기에 미술 학원에 보내달라는 말을 할 수는 없었다.

그림을 그리는 것은 나에게 행복하고 즐거운 활동이었다. 미술 대회가 개최되면 늘 상을 받았고, 학교에서 미술과 관련된 일이 생기면 대표로 맡기도 했다. 학창 시절 가장 행복했던 시간도 그림을 뽐낼 수 있는 미술 시간이었다. 미술 학원에 다니진 않았지만 이렇게 열심히 그림을 그리다 보면 자연스럽게 디자이너나 화가가 될 수 있을 것 같았다.

그렇지만 아쉽게도 내가 가고자 하는 길은 순탄치 않았다. 많은 미술 대회 상을 수상했어도 예중과 예고 지원은 꿈도 꿀 수 없었다. 부모님 뜻을 이어받아 별로 잘하는 편이 아니었던 공부만 조용히 할 수밖에 없었다. 그런데 그 어린 나이에 암만 생각해도 내 길은 이게 아니라는 걸 느꼈던 것 같다.

조용히 미술에 대한 꿈을 접어두고 지내던 어느 날, 고등학교 2학년 진학을 앞두고 특성화반 신청서를 받았다. 놓치고 싶지 않은 마음에 부모님 몰래 미술반 진학 신청서를 냈다. 부모님께서는 '문과'에 동그라미를 쳐서 주셨지만, 제출 직전, '미술반'에 동그라미 표시를 그려서 제출했다. 어머니는 이때 담임 선생님의 연락을 받고 적잖이 당황하셨다고 한다. 그러면서 안타깝고 미안한 마음에 많은 감정이 교차하셨다고….

학교에 미술반 진학 신청서를 내 마음대로 내고 집에 돌아와 무슨 배짱이었는지 동네 미술 학원에 전화해서 미술을 배우고 싶다고 했다. 정확한 대화 내용은 기억이 나지 않지만 집 전화기로 친구가 다니던 미술 학원에 전화했던 기억이 있다. 그저 나는 나에 대한 확신이 있었으나 상황이 여의찮으니 나를 성장시켜 줄 현실적인 장치를 스스로 찾을 수밖에 없었다.

미술 학원에서는 몇 가지 미술 테스트를 조심스럽게 제안했고, 나는 실력을 인정받아 장학생으로 다니기 시작했다. 고가의 미술 도구도 모두 무료로 제공해 주셨다. 나중에 부모님이 아시고 미술 학원비를 내겠다며 찾아오셨던 기억이 있다.

다만 부모님의 지원이 언제 끊길지 모르기에 늘 불안한 마음이 있었다. 그만 다녀야 할 것 같은 느낌이 들면 학원 건물 비상구에 앉아 눈물을 흘렸다. 그럴 때면 함께 디자이너를 꿈꾸던 친구들이 위로해 주고 응원해 주었다. 학교 앞 분식점에서 파는 500원짜리 눈물의 핫도그를 먹으며 친구와 낡은 정자에 앉아 디자이너의 꿈을 키웠다. (그 친구들은 지금 모두 엄마가 되어 육아와 일을 병행하는 멋진 슈퍼우먼이 되었다. 자랑스러운 내 친구들!!)

'어른이 되어 디자인 일을 하고 싶은데, 이 방법밖에 없는 걸까. 그냥 학원의 도움 없이 내가 해볼 수는 없을까. 그냥 다 접고 내신으로 대학에 가야 하는 걸까. 내가 너무 고집을 부리고 있는 건 아닐까…'

언젠가 어른이 된다면 미술 공부를 하고 싶지만, 할 수 없어 어려움을 겪고 있는 학생들을 돕고 싶다는 생각이 들었다. 40대를 향해가는 지금도 늘 내 마음속에 간직하고 있는 오랜 꿈이다. 그런 꿈을 갖고 있기 때문에 그렇게 되기 위해서 지금 더 열심히 사는 것일지도 모른다.

선한 영향력을 가진 디자이너가 되고 싶었던 나의 20대

**20대가 되어 원했던 디자인 공부를 하기 시작하니
날개 단 듯이 성장해 갔다.**

국내외로 다양한 활동을 하던 나를 보고 엄마는 미술 공부를 반대했던 지난날이 미안하다고 하셨다. 그래서 말씀드렸다. 그런 과정이 있었기에 지금의 공부가 더 값지게 느껴지는 거라고.

모든 일에는 우연을 가장한 필연적 요소가 있다. 하고 싶은 일에 대한 확신과 가치를 심어주기 위해 나에게도 그런 일종의 장치들이 있었던 걸지도 모른다. 정말 그 일을 하고 싶은지, 후회는 없는지 계속 스스로 확인하게 하고 그 선택의 무게를 느껴 더욱 열심히 살 수 있도록 말이다.

20대 중반부터 지금까지 회사에서 모바일과 웹 환경에서의 UX 디자인 연구를 하고 있지만 학생 때 경험했던 공간 UX에 대한 갈증이 있었다. 지금 하는 UX(User Experience) 디자인 일은 사용자 경험을 연구하여 그에 맞는 비주얼 결과물을 만들어내어 기존의 사용성을 개선하는 것이다.

어려운 학문 같지만 UX는 우리 생활에 매우 가까운 분야이다. 주변을 가만히 둘러보면 모든 사물과 환경이 모두 새로운 연구 대상으로 느껴질 때가 있다. 가게에 들어가 마주하는 시야에 들어오는 다양한 모습들, 주문을 위해 받은 메뉴판부터 먹고 결제하고 나가는 과정에서 느끼는 모든 경험 그리고 집으로 돌아와 일어나는 일상 속의 여러 장면이 모두 나에겐 흥미로운 연구 대상으로 느껴진다. 조금 더 편하게 할 수는 없을까. 컬러를 바꾸면 조금 더 식욕이 생기지 않을까. 집에 들어와서 옷을 갈아입자마자 씻을 수 있는 동선이 있으면 어떨까. 아이들이 자주 옷을 벗어두고 쌓아두는 공간에 정리할 수 있는 무언가가 있으면 어떨까. 이 모든 것이 생활 속 UX이다. 자세히 볼수록 꽤 매력적인 학문이다.

처음 디자인 학문을 공부했을 때부터 지금까지 늘 같은 모토가 있다. 불편한 환경을 개선할 수 있는 선한 영향력을 가진 디자이너가 되는 것이다. 선한 영향력이라 하면 창의적 아이디어를 통해 불편한 조건을 개선하는 그런 디자인이다.

일의 성취감보다 중요한 것을 느낀 나의 30대

10대의 나와 20대의 내가 생각한 꿈을 생각해 보니
제일 처음 이 디자인 학문을 좋아했던 이유가 머릿속을 맴돈다.

불편한 조건을 개선하고, 사회적 약자를 위한 디자인을 하고 싶었다. 이왕 공부해서 일하는 거 경제적 이익보다는 공공의 이익을 위한 사회적 영향력을 가진 디자인을 한다면 더욱 좋다고 생각했다. 세상을 밝게 하는 디자이너가 되고 싶었던 빛바랜 꿈이 선명해진다.

첫 번째 꿈을 선택하며 대기업 UX 디자이너가 되었다. 첫 시작은 원하는 대로 흘러갔으나 긴 세월이 지나는 동안 세상을 밝게 하는 그런 꿈의 삶을 살지는 못했던 것 같다. 실적과 이익을 위한 디자인을 해왔다. 이 역시 멋진 일이지만 나의 성향에 딱 맞는 일은 아니었다. 10년은 할 수 있지만 20년, 30년 할 일은 아닌 것 같다. 막연히 생각했던 디자이너로서의 내 꿈에 대해 다시 생각해 본다.

사용자 경험을 연구하는 디자인 학문이 좋았던 것도 작은 아이디어로 인해 긍정적으로 변화하는 사회적 영향력이 좋았기 때문이었다. 대학생 시절 나에게 첫 번째 꿈의 방향을 결정해 준 이매진컵 국제 대회도 세계 난제를 극복하기 위한 디자인 아이디어를 내는 것이 미션이었다. 이때도 세상을 밝게 하는 디자인 아이디어를 내는 과정이 나에게 매우 흥미로웠다.

다양한 아이디어 내기를 좋아하며 아이디어가 적용된 제품과 서비스를 기획하여 디자인하는 것, 새롭게 만들어진 결과물에 의해 기존의 환경이 개선되는 것이 내가 바라는 디자이너로서 보람된 일이었다. 경제적 이익이 많은 것도 좋겠지만 돈보다 더 가치 있는 일을 하고 싶다.

다시 나를 돌아보며 원하던 삶의 방향을 찾은 것 같아 기대된다. 선한 영향력을 줄 수 있는 디자인을 하는 꿈. 그 꿈을 위해 나는 앞으로 무엇을 어떻게 준비해야 할까.

> Tip
세컨드 라이프를 위해 자신의 인생 스토리 기억하기

세컨드 라이프를 위해 자신이 가진 인생의 스토리를 기억할 필요가 있다. 나는 어떤 사람이었는지. 어떤 삶을 살아왔는지. 그 과정에서 어린 시절 꿈꿔왔던 꿈이 있는지. **나를 발견하는 과정은 수없이 반복해도 지나침이 없다.**
인생의 방향을 잃은 것 같은 마음이 든다면 과거의 나와 현재의 나를 마주하며 나에 대한 고민과 생각을 끊임없이 해보자. 소소한 일상조차도 나를 파악할 수 있는 작은 단서가 될 수 있다.

잊고 있던 인생 스토리를 다시 떠올려 보세요.
- 어린 시절 당신은 어떤 아이였나요?
- 어린 시절 꿈이 있었나요?
- 어린 시절 가장 성취감을 느낀 경험이 무엇인가요?
- 당신의 20대는 어떠했나요?
- 20대, 30대에 어린 시절 꿈꾸던 삶을 살았나요?
- 아직 이루지 못한 꿈이 있나요?

나를 발견하는 과정에서 어린 시절의 나를 마주하니 대기업 디자이너가 되어 돈도 많이 벌고 가정도 이룬 지금 내 모습이 꽤 열심히 인생을 살아온 것같이 느껴진다. 어린 시절 나는 자기 확신이 넘치고 실패를 두려워하지 않는 패기가 있었다. 세월이 흘러 지금은 생각보다 큰 보람을 느끼지 않는 루틴한 일상을 현실과 타협한 채 살아가고 있다. 지켜야 할 가족이 생겼으니 자연스러운 부분일지도 모른다. 하지만 이제 아이들은 많이 자랐고, 나의 인생 황금기도 한창 피어오르고 있다. 다시 그때의 패기로 내 삶을 그려보고 싶다.

좋아하는 것을 시작해 보자

40대를 향해가는 나는 다시 꿈을 위한 준비를 시작한다.

세컨드 라이프의 목표는 생각보다 단순하고 명쾌하다. 어느 정도 경제적 여유가 있으면서 매달 들어오는 불로소득이 있고, 좋아하는 취미를 직업으로 하여 쫓기지 않고 즐기는 그런 삶. 누구나 꿈꾸는 그런 세컨드 라이프는 충분히 실현이 가능하다. 미리 준비하는 자세를 갖는다면 어려운 것은 아니다.

첫 번째 직업은 자연스럽게 상황과 맥락에 맞추어 결정되는 경우들이 많다. 전공에 맞게 꿈을 꾸고, 전공에 어울리는 일을 하게 되는 것이 대부분 주변에서 볼 수 있는 우리의 첫 번째 직업의 삶이다. 원하는 전공이 아니었다면 방향을 틀어 다른 길을 선택하는 경우도 있다. 방송연예과를 나왔지만, 공무원 시험을 준비하는 경우처럼 전혀 다른 길을 개척하여 도전하는 사람도 있다. 그 선택의 근거는 안정성과 낮은 연봉 때문인 경우도 있을 것이다. 어떤 분야의 직업이 나에게 잘 맞는지 어떤 업무 타입이 나에게 어울리는지는 경험해 보기 전까지 알 수 없다. 부딪혀 보고 경험해 봐야 알 수 있기에 과감하게 첫 번째 직업을 선택하기도 한다.

두 번째 직업은 조금 다르게 시작해 보자. 10년, 20년이 지나고 40대를 바라보게 되었다. 지금의 나는 아직도 그때의 마음과 같을까? 여전히 이 일을 하고 싶은가? 시대가 변하고 문화가 달라지면서 좋아하는 일의 형태도 많이 달라졌고, 새로운 직업이 생겨나면서 회사가 아니고도 돈을 벌 수 있는 직업도 많아졌다. 체력도 예전 같지 않고, 어느새 식구가 늘기도 했다. 이제는 조금 덜 노력하면서 즐겁게 돈을 벌고 싶은 마음도 든다. 확실히 두 번째 직업의 삶은 조금 다를 필요가 있겠다.

76세에 화가의 꿈을 이룬 할아버지의 기사를 보았다. 어릴 때 그림 그리는 것을 참 좋아했는데 삶이 바쁘고 여유가 없어서 당시엔 할 수 없었던 일을 일흔이 훌쩍 넘은 나이에 시작하여 도전한 할아버지였다. 세월이 느껴지는 잔잔한 주름들이 가득한 할아버지의 얼굴에 천진난만한 꿈 많던 그 시절 속 어린 소년의 행복한 표정이 보였다. 보이는 모습은 늙고 쇠약하지만, 마음만은 어릴 적 꿈을 간직한 소년이었다. 하고 싶은 것을 하니 너무 행복하다는 어르신의 기사를 보니 많은 생각이 든다.

우리는 아직 젊고 하고 싶은 일을 시작해도 충분한 시간이 있다. 좋아하는 일이 있다면 조금씩 실행에 옮겨보자. 규모가 작아도 좋고 대단한 성과가 나지 않아도 괜찮다. 중요한 것은 나를 잃지 않는 마음이다.

가벽을 세워
공간 분리를 통해
확보한 다이닝 공간

보기 싫은 주방을 가리는 동시에 새로운 공간을 만들었다.
공간의 가치를 재창조하는 것은 즐거운 일이다.

스톤
오브제가
많은
꼬미홈

세컨드 라이프를 위해 나의 역사를 기억할 필요가 있다.
나는 여전히 선한 영향력을 가진 디자이너가 되고 싶다.

STAGE 4

부캐의 탄생

나와 가족을 위한
생존도구 찾기

"

워킹맘이다 보니 저만의 시간 관리 방법이 더욱 필요했어요. 주변을 둘러보면 다 바쁘다고 하고 시간 없다고 하잖아요. 가만히 있으면 세컨드 라이프는커녕 퍼스트 라이프도 버티기 힘듭니다. 저도 마찬가지만 주어진 시간을 잘 활용하기 위해 계획을 잘 세우려고 애쓰는 편이에요. 10년 뒤 조금 더 행복해질 저와 가족의 모습을 그리면서요~!

"

창작은 나로부터 시작된다

'세컨드 라이프? 부캐? 글쎄 너무 막막한데….'

뭐부터 해야 할까 막막하다면 나의 잠재력을 찾아보자. 우리는 모두 무궁무진한 잠재력을 가진 무엇이든 잘 해낼 수 있는 가능성이 넘치는 사람들이다. 이미 우리는 긴 세월 많은 경험과 배움을 통해 그 누구도 나와 같을 수 없는 나만의 경험 자산을 갖게 되었고, 각자의 컬러와 매력, 취향을 가지게 되었다. 나와 비슷한 사람은 있을지 몰라도 나와 똑같은 사람은 이 세상에 없다. 모두가 다른 컬러와 취향을 가진 개개인의 고유한 매력과 강점을 지닌 사람이라는 사실을 잊지 말아야 한다. 내가 가진 취향은 무엇인지 나만이 갖고 있는 매력적인 부분, 강점은 무엇인지 생각해 보고 발견하여 발전시킨다면 새로운 경험과 기회의 시작이 될 것이다.

나는 사람들과 반갑게 주고받는 인사, 신뢰하는 마음, 함께 성장하는 것과 같이 따뜻한 감정의 교류가 좋다. 컬러는 어둡고 무거운 것보다 밝고 따뜻한 컬러가 좋고, 따스함이 느껴지는 웜톤이 좋다. 밝고 에너지 넘치는 상냥한 사람을 선호하며, 눈에 보이는 사물과 현상에 대해 관심이 많다. 새벽과 노을 중에 고르자면 노을이 좋다. 일과가 끝나가는 오후 5시쯤 따스하게 비추는 평화로운 노을이 좋다. 핑크빛, 보랏빛으로 변하는 하늘을 보면 하루가 꽉 찬 것처럼 행복을 느낀다. 퇴근 후에 가족들과 함께하는 행복한 저녁 일과를 좋아한다. 오늘은 아이들과 남편과 어떤 즐거운 이야기를 하게 될까? 저녁은 무엇을 먹을까? 생각만 해도 얼굴에 미소가 번진다.

좋아하는 색, 좋아하는 물건, 좋아하는 계절, 좋아하는 사람… 내가 좋아하고 선호하는 것에 대해 생각해 보자. 모든 관심과 시선이 밖을 향해 있던 일상에서 잠시 멈추어 나에게 시선을 돌려보자. 그동안 발견하지 못한 나의 취향을 찾아보자. 새로운 것은 나로부터 시작될 수 있다.

나의 커피 취향은?

커피 취향은 디카페인 아이스 아메리카노이다.
재택근무 할 때면 디카페인 캡슐 커피를 꼭 마신다.

손으로 그리는 캔버스 그림

집에서 취미로 그림 그리기를 즐긴다.
회사에서는 컴퓨터로 디자인을 하고, 집에서는 손으로 그림을 그린다.
그림은 그리는 사람의 마음과 그때 느낀 감정, 추억이 담긴다.
그렇기 때문에 집에 걸어두는 그림은 직접 하고 있다.

옆자리 동료와 나는 닮아가고 있다

**입사 관문을 통과한 모든 직원은
대부분 비슷한 사람들이다.**

아주 뛰어난 1%의 핵심 인력을 제외하고는 스펙도 성품도 비슷해서 동료들과 다른 나만의 무기를 찾기란 쉽지 않다. 게다가 그 비슷한 사람들이 회사에서 긴 세월 뒤엉켜 일을 하다 보면 더욱 비슷해지는 느낌이 들기도 한다. 입사 시기가 1~2년 정도밖에 차이 나지 않는 주변 동료들을 보면 더욱 그렇다.

이 비슷한 느낌은 시간이 지날수록 더욱 선명해진다. 성격도 생김새도 다른데 어쩜 이렇게 비슷할까. 회사가 추구하는 디자인을 함께 머리 맞대고 디자인하다 보면 개인의 취향은 조금 덜어내고 회사의 취향을 담기 마련이다. 그러다 보니 점점 더 비슷한 스타일이 되어가는 것 같다.

조직에 어우러지는 모습이 자연스럽고 좋지만, 나만이 갖고 있는 경쟁력은 무엇인지 가만히 생각해 본다. 나만이 해낼 수 있는 강점이 무엇일까? 나에게만 있는 강점을 지켜내는 것이 회사 안에서 일을 할 때도 회사 밖에서 세컨드 라이프를 설계할 때도 꼭 필요한 부분이다.

대리 혹은 과장 시기가 되면 조직을 떠나는 사람이 하나둘씩 생겨난다. 정년이 보장되는 안정적인 대기업이어도 그러하다. 심지어 요즘은 대리 직급을 달기도 전에 회사 밖으로 떠나는 사람이 많아졌다.

2022년 직장인 2,400명을 대상으로 조사한 잡코리아 통계를 보면 첫 직장에서 3년 안에 퇴사하는 비율이 33% 가까이 된다. 직장인 10명 중 3명이 그런 선택을 하는 것이다. 퇴사 이유는 다양한데 시니어급 직장인만의 고충이 느껴지는 부분도 있다. 나만의 경쟁력을 찾기 어려워진 것이 그런 사유 중 하나이다.

유일무이한 경쟁력을 찾기도 어렵지만 조직 안에서 꾸준히 나의 색을 잃지 않고 지켜내기는 더 어렵다. 나의 색보다는 우리의 색에 맞추게 되니 내 취향과 감성은 조금 덜어낼 수밖에 없다.

한 가지 더 위험한 사실은 지루하게 반복되는 일상을 살다 보면 꼭 나만의 강점을 찾지 않아도 상관없을 것 같다는 생각도 든다는 점이다. 안정적인 회사 생활을 겪다 보면 가만히 안주하게 되는 그런 날들이 있다. 회사와 집만 왔다 갔다 하며 운동만 조금씩 해도 충분한 것 같다. 지금은 괜찮을지 몰라도 1년 뒤, 3년 뒤는 알 수 없다.

나만의 경쟁력을 발견하여 회사 안팎으로 성장할 수 있는 계획을 세워보자. 작은 실천이 모인다면 5년 뒤, 10년 뒤 회사 안이든 밖이든 어느 곳에서든 빛나게 될 것이다.

Tip
나만의 경쟁력 키워드 찾기

하얀 노트 위에 연필 한 자루를 쥐고 나만의 경쟁력을 찾기 위해 고민했던 시간이 있었다. 잘하는 것, 좋아하는 것을 적어보면서 내가 가진 강점이 무엇인지 생각해 보았고, 긴 고민과 자기 성찰 끝에 세컨드 라이프를 위한 지금의 부캐를 만날 수 있었다.

나만의 경쟁력, 알고 있나요?
- 나만의 경쟁력을 지키며 회사 생활을 하고 있나요?
- 나만의 경쟁력을 찾기보다 가만히 안주하며 일상을 보내고 있진 않나요?
- 나는 내가 잘하는 것이 무엇인지 알고 있나요?
- 나는 내가 잘하는 것을 일할 때 이용하고 있나요?
- 나는 내가 잘하는 것으로 인해 크고 작은 성과를 얻고 있나요?

보람되고 추진력 있는 일상을 위해 회사 안팎에서 모두 적용할 수 있는 나만의 경쟁력을 발견해 보자. 나만의 경쟁력 키워드는 나의 가능성에 대해 구체적이고 명확하게 정의할 수 있도록 도울 것이다. 강점은 다양한 형태를 띨 수 있다. 나만이 갖고 있는 이성적 사고 능력, 감성적 공감 능력, 언어적 재능, 글을 잘 쓰는 능력 등 다양하다. 유사한 능력을 가진 사람들과 비교했을 때 내가 더 경쟁력 있다고 생각된다면 나만의 경쟁력 키워드가 맞다. 다음 134개 항목을 보고 나만의 무기가 될 수 있을만한 항목을 표시해 보자.

☐ 보고서를 잘 쓰는	☐ 신중한	☐ 활발한
☐ 정리를 잘하는	☐ 정직한	☐ 에너지 넘치는
☐ 분류를 잘하는	☐ 이성적인	☐ 변화를 즐기는
☐ 논리적인	☐ 생각이 깊은	☐ 자신감 있는
☐ 객관적인	☐ 냉철한	☐ 열정 있는
☐ 연구를 좋아하는	☐ 인내력 있는	☐ 카리스마 있는
☐ 문제해결을 잘하는	☐ 자제력 있는	☐ 도전을 좋아하는
☐ 학구적인	☐ 헌신적인	☐ 개성 있는
☐ 계획적인	☐ 겸손한	☐ 리더십 있는
☐ 폭넓게 접근하는	☐ 주의 깊은	☐ 활동적인
☐ 방법론적인	☐ 참을성 있는	☐ 성장을 추구하는
☐ 효율적인	☐ 편안한	☐ 미래적인
☐ 자료 조사를 잘하는	☐ 안정적인	☐ 통찰력 있는
☐ 스트레스 안 받는	☐ 안정을 추구하는	☐ 책임감 있는
☐ 약속을 잘 지키는	☐ 생각이 깊은	☐ 판단을 잘하는
☐ 분석을 잘하는	☐ 여유로운	☐ 문제 파악이 빠른
☐ 협업을 잘하는	☐ 사려 깊은	☐ 공감을 잘하는
☐ 토론을 좋아하는	☐ 포용적인	☐ 매사에 적극적인
☐ 대인관계가 좋은	☐ 글을 잘 쓰는	☐ 순발력 있는
☐ 사회성이 있는	☐ 바르게 생활하는	☐ 질문을 잘하는

☐ 경쟁을 즐기는	☐ 태도가 좋은	☐ 손이 빠른
☐ 몰입을 잘하는	☐ 겸손한	☐ 신속히 대응하는
☐ 공감을 잘하는	☐ 현실적인	☐ 열린 시각을 가진
☐ 친화력 있는	☐ 노력하는	☐ 용감한
☐ 아이디어 많은	☐ 경청을 잘하는	☐ 도전을 즐기는
☐ 비판을 즐기는	☐ 지시를 잘 따르는	☐ 진취적인
☐ 커뮤니케이션을 잘하는	☐ 수용적인	☐ 말을 잘하는
☐ 적응력 좋은	☐ 집중을 잘하는	☐ 비판을 잘하는
☐ 동료를 잘 돕는	☐ 유연히 사고하는	☐ 능동적인
☐ 개성이 강한	☐ 성실한	☐ 일을 즐기는
☐ 태도가 유연한	☐ 예의가 바른	☐ 일 욕심이 많은
☐ 비주얼 센스 있는	☐ 독립적인	☐ 시야가 넓은
☐ 창작을 잘하는	☐ 침착한	☐ 경험이 많은
☐ 그림을 잘 그리는	☐ 꼼꼼한	☐ 외강내유
☐ 손재주가 있는	☐ 너그러운	☐ 설득력이 있는
☐ 고정관념을 깨는	☐ 매사에 진지한	☐ 지식 나눔을 즐기는
☐ 상상력 있는	☐ 지혜로운	☐ 센스 있는
☐ 재치 있는	☐ 외유내강	☐ 진행을 잘하는
☐ 재능이 많은	☐ 책 많이 읽는	☐ 배움을 즐기는
☐ 창의적인	☐ 신뢰를 얻는	☐ 호기심이 많은

☐ 외국어를 잘하는	☐ 친절한	☐ 긍정적인
☐ 글로벌 마인드인	☐ 전문성 있는	☐ 열린 마인드인
☐ 사교적인	☐ 호의적인	☐ 대범한
☐ 이해가 빠른	☐ 응용을 잘하는	☐ 목표 지향적인

선정했던 항목들 중 나를 가장 잘 표현한다고 생각하는 대표 키워드를 5개 내로 선정해 보자. 회사 안에서 어필할 수 있거나 회사 밖에서 나만의 일을 해나감에 있어 강점이 될 수 있을 것이다.

나만의 경쟁력 키워드의 발견

예시 1

☑ 공감을 잘하는   ☑ 분석을 잘하는   ☑ 아이디어가 많은

→ 아이디어 발산은 좋은 강점이 될 수 있습니다. 협업 과정에서 타인의 고민에 공감을 자세도 좋습니다. 주어진 문제를 잘 분석하여 해결 방안을 도출하는 능력이 당신을 더욱 발전시킬 수 있는 유리한 경쟁력이 될 수 있습니다.

예시 2

☑ 말을 잘하는   ☑ 비판을 잘하는   ☑ 손이 빠른

→ 손이 빠른 당신은 결과물을 빠르게 도출할 수 있는 능력을 가졌습니다. 수려한 말로 비판도 잘하기에 다수와 커뮤니케이션하는 과정에서 특유의 설득력을 가지고 성과를 내기 유리합니다. 회사 안팎에서 나만의 경쟁력을 잘 활용하길 바랍니다.

나와 가족을 위해 다음 스테이지를 준비하자

엄마가 되니 더욱 계획적인 삶을 살아가게 된다.

인생을 살아가면서 필요한 최소한의 경제적 안정성을 확보하기 위해 저축, 투자 등을 고려한 단기, 중기, 장기별로 앞으로의 로드맵을 짜두었다. 아주 세부적이진 않아도 전체적인 흐름을 느낄 수 있는 수준으로 향후 10년 후까지 예상한 것이다.

다가올 스테이지에서는 경제적 독립을 이루어야 하지 않을까? 언제까지 월급을 받으며 살 수는 없다. 누군가에게 월급 받는 것 말고 시간과 노동력을 들이지 않아도 되는 '불로소득'을 확보하고 싶다. 10시간 근무를 하면 그만큼의 돈을 받는 것 말고, 가만히 있어도 자연스럽게 수입 활동이 일어나는 불로소득이야말로 다음 스테이지의 필요충분 요소이다.

별다른 수익 파이프라인 준비 없이 허송세월 보내다 보면 회사 생활 말년기가 힘들어질 것이다. 어느 순간 즐기는 회사 생활에서 버티는 회사 생활이 된다. 정년이 되어 회사를 떠나게 될 때도 하루아침에 경제적 독립의 삶을 마주하게 되기에 경제적 독립에 대한 준비는 중요하다.

　그러니 가장 활발히 사회생활을 하고 있는 30대에 앞으로 다가올 스테이지를 위한 경제적 독립을 준비해야 한다. 월세나 임대료를 받는 구조를 짜는 것도 좋고, 우량주 주식을 통해 안정적인 수익을 확보하는 것도 좋다. 유튜브와 블로그를 통해 광고 수익을 내는 것도 좋은 방법이다.

　인생을 살아가면서 필요한 것은 경제적 안정뿐만이 아니다. 꿈과 비전도 필요하다. 100세 인생이 길어 보여도 하고 싶은 것을 마음껏 하기에 길지 않은 세월이다. 우리는 갈수록 나이가 들며 체력이 떨어지고 가정과 건강을 챙기느라 정신이 없을지도 모른다. 주어진 인생을 재미있게 즐기면서 하고 싶은 것을 마음껏 누리려면 앞으로 있을 5년 뒤, 10년 뒤의 모습을 그리며 꿈, 비전에 대해 생각해야 한다.

　가정을 이루기 전까지만 해도 삶의 계획은 나를 중심으로 세워졌다. 이를테면 "올해는 중국어 공부를 조금 더 해보고 싶다", "내년에는 전화영어를 시작해 봐야지"처럼 모든 목표와 계획은 나의 만족과 성장을 위한 것들 뿐이었다. 이제는 나만을 위한 계획을 짤 수 없다. 해가 다르게 커가는 두 아이가 있는 가정을 이루면서 인생의 목표와 계획이 달라져야 함을 느꼈다.

토끼를 좋아하는 사랑스러운 유정이

엄마 아빠를 생각하는 마음이 너무 예쁜 딸.
유정이와 유준이를 위해 그리고 사랑하는 남편을 위해
오늘도 나는 세컨드 라이프를 준비한다.

페인팅으로 꾸민 연년생 남매 침실

벽면 하프 페인팅과 함께
노란색 무토 조명이 있는
두 아이의 침실을 디자인했다.
아이들 취향에 맞춰 침구만 바꿔줘도
색다른 공간의 분위기가 드러난다.

> Tip
건강하고 행복한 세컨드 라이프를 위한 고민

건강을 잃었을 때, 건강하고 행복한 삶이 얼마나 중요한지 깨닫게 되었다. 겪어본 뒤에야 깨달았다는 게 안타깝지만 지금이라도 이 중요한 부분을 알게 되어 참 다행이다. 건강과 삶의 소중함을 깨닫고 나니 일상을 살아가는 자세와 마음가짐이 달라졌다.

행복한 삶을 위해 건강은 정말 중요하다. 모든 것이 다 완벽해도 건강을 잃는다면 다 의미가 없다. 일, 꿈, 가족, 경제적 독립을 위한 준비도 중요하지만 <u>건강을 위한 준비가 최우선으로 되어야 한다</u>. 그리고 한 가지 더 깨달은 것은 인생 설계는 외부적 요소와 타인이 아닌 나로부터 시작되어야 한다는 점이다. 건강을 잃고 마음속 퇴사를 준비하면서 질병에 따른 외부적 요인에 의해 세컨드 라이프를 준비하게 되자 마음이 무겁고 머리가 복잡했다.

떠밀려서 준비하는 것은 불행한 일이다. 모든 것이 안정화되었을 때 세컨드 라이프를 설계해야 한다. 건강, 꿈, 가족, 경제적 독립, 일 모두 놓치고 싶지 않다. 미리 대비하고 준비하는 삶을 살아간다면 모두 쟁취할 수 있는 건강한 삶을 살 수 있을 것이다.

다음 질문은 **<u>건강이 회복되고 일상이 안정화된 뒤, 세컨드 라이프 설계를 위해 고민했던 부분들을 정리</u>**한 것이다. 몇 가지 질문을 통해 복잡한 머릿속을 정리할 수 있었다. 가만히 마음속으로 답하며 생각해 보고 아직 준비되지 않은 것들이 있는지 발견하여 계획을 세워보자.

일
- 5년 뒤에 나는 어떤 회사원이 되어있을까?
- 10년 뒤에 나는 어떤 회사원이 되어있을까?
- 10년 뒤에 원하는 위치까지 승진할 수 있을까?
- 일과 성장을 위해 나는 무슨 준비를 하고 있나?

꿈
- 5년 뒤에 나는 행복할까?
- 10년 뒤에 나는 나의 일을 하고 있을까?
- 10년 뒤에 내가 하고 싶은 일을 하고 있을까?
- 꿈을 이루기 위해 나는 무슨 준비를 하고 있나?

가족
- 5년 뒤에 나는 가족과 행복할까?
- 10년 뒤에 아이들은 어떤 부모를 원할까?
- 10년 뒤에 나는 아이들에게 어떤 부모가 되어있을까?
- 가족의 행복을 위해 나는 무슨 준비를 하고 있나?

경제적 독립
- 5년 뒤에 나의 수입과 지출의 변동이 있을까?
- 10년 뒤에 나의 삶은 여유로울까?
- 10년 뒤에 목돈이 들어올 만한 상황이 있나?
- 경제적 독립을 위해 나는 무슨 준비를 하고 있나?

건강
- 5년 뒤에 나는 건강할까?
- 10년 뒤에 나는 건강할까?
- 특별히 약하거나 가족력이 있는 질병을 잘 알고 있나?
- 건강을 위해 나는 무슨 준비를 하고 있나?

부캐 꼬미홈을
만나다

"

취향을 담아 예쁘게 꾸민 집을 기록하고 나의 성향에 맞는 SNS 채널을 통해 우리 집 이야기를 소개하는 것. 부캐 '꼬미홈'의 모든 이야기는 퇴근 후 저의 힐링 이야기예요. 워킹맘 꼬미홈의 세컨드 라이프 시작은 가장 오래 머무는 나만의 안심 공간인 집에서 이루어졌어요. 집이라는 공간이 주는 안정감, 행복감은 저에게 힐링 그 자체죠.

"

취미로 시작했던 단정한 일상 기록

**자기 성찰을 통해 나만의 경쟁력을 찾는 고민을 하다 보니
자연스럽게 세컨드 라이프를 준비할 수 있었다.**

내가 좋아하는 것, 내가 잘하는 것에 대해 깊이 파고드니 행복한 다음 스테이지가 그려졌다. 언젠가부터 일상에 자연스럽게 자리 잡게 된 취미 생활이 나의 세컨드 라이프의 시작이 될 수 있었다.

집 꾸미기에 관심이 많아 예쁜 가구와 소품 사기를 좋아하고, 가구 위치를 옮기며 새로운 공간 꾸미기를 좋아하던 나는 몸이 회복되면서 본격적으로 이러한 취미 생활을 인스타그램에 기록하기 시작했다. 인스타그램을 사용한 지는 오래되었지만, 나만의 비밀 계정을 통해 취미 활동을 담기 시작한 것은 처음이었다. 남편 애칭과 나의 이름을 딴 '꼬미홈'이라는 이름으로 집 꾸미기 기록을 남기기 시작했다.

모두가 아는 계정에 내가 좋아하는 이야기를 공개적으로 담는 것 말고, 아는 사람이 한 명도 없는 나만의 공간에 진솔하게 일상을 담았다. 다른 사람들에게 어떻게 보이는지 그런 것은 신경 쓰지 않고, 가식 없이 꾸밈없이 그저 내가 좋아하는 것만 담백하고 솔직하게 담아내는 그런 일기장 같은 공간이었다. 아무도 모르는 나만의 공간에 시간이

날 때마다 셀프 인테리어의 일상을 기록했다. 그렇게 나의 세컨드 라이프가 시작되는 '부캐'를 만났다.

단정한 일상의 기록은 매우 쉽고 단순하다. 일상의 모든 것이 기록될 수 있다. 아침에 일어나 안방 문을 열고 나오면 깨끗하게 정리된 거실이 보인다. 페인트칠도 하고 조명도 달고 애정의 손길이 닿았던 공간을 보니 기분이 좋아진다. 아침 햇살 가득한 거실 모습을 사진에 담아본다. 퇴근 후에 아이들 침실에 가면 새로 걸어둔 구름 조명이 보인다. 아이들 침실 분위기와 잘 어울리는 것 같아 만족스럽다. 인스타그램에 올리기 좋게 4:3 비율로 가로세로 수평을 맞추어 예쁘게 사진첩에 담아본다. 지난 주말에는 주방 벽면 셀프 페인팅을 진행했다. 공간의 분위기를 바꿔보고, 줄조명으로 조도를 바꾸니 역시 하길 잘했다는 생각이 들어 사진과 동영상으로 담아두었다. 잠들기 전, 페인팅 과정을 릴스로 만들어 인스타그램에 올려본다.

지은 지 30년이 넘은 오래된 집이지만, 조금씩 바꿔보며 새롭게 공간을 개선하다 보니 회사 일에서 얻을 수 없는 묘한 힐링을 느낀다. 게다가 셀프 인테리어 기록을 통해 나만의 채널이 예쁘게 꾸며지는 것 같아 만족스럽다. 부캐를 통해 평범한 공간은 특별한 공간으로 변화하고 특별한 것 없던 일상은 즐거운 추억이 가득한 일상이 되어갔다.

어느새 셀프 페인팅 장인!

거실 벽면, 주방 타일, 다이닝 공간 벽, 아이들 침실. 그 외 작은 가구들까지 모두 페인팅 작업을 했다. 처음엔 3시간 걸리던 게 이제는 한 시간이면 가능하다.

질감이 느껴지는 셀프 유럽 미장

다이닝 공간 벽면에 유럽 미장을 진행했다. 가장 난이도가 높았던 도전이었다.

기록을 통해 발견한 나만의 취향

**집을 단정하게 꾸미고 최적의 동선을 설계하는 것은
공간의 경험을 디자인하는 것과 같다.**

라이프 스타일과 목적에 맞는 컨셉을 수립하여 공간을 설계하는 것, 제한된 조건 안에서 새로운 공간의 가치를 창출하는 것 등 집 셀프 인테리어는 모두 사용자 경험 가치와 연결되어 있다.

오프라인 세상 속 UX 설계에 대한 꿈이 우리 집을 꾸미는 데서 펼쳐지고 있다. 인사이트 발견을 좋아하고 문제점을 해결하기 위한 아이디어 발굴을 즐기는 나의 성향에 맞는다. 게다가 본캐 직업의 영향을 많이 받은 부분도 있다. PC 웹/모바일 환경 속에서 오랜 기간 일을 했기에 오프라인 환경 속 UX 디자인이 더욱 매력적으로 다가왔다.

처음 인스타그램 취미 계정을 시작했을 때는 집 안의 소품과 공간을 담아 올렸었다. 지난 주말에 있었던 셀프 인테리어 이야기, 오늘 새롭게 바꿔본 거실의 분위기 등 다양한 집 꾸미기 일상 이야기를 피드 한 칸마다 정성스럽게 채워갔다. 인스타그램에 업로드된 결과물의 전체적인 톤과 무드를 고려하기보다는 기록에 집중한 모습이었다.

그렇게 업로드를 하다 보니 가로세로 3x5 15컷 프레임 안에 보이는 이미지의 톤앤매너가 보이기 시작했다. 의도하지 않아도 묻어나는 그 분위기가 바로 내 취향이었다. 선호하는 컬러와 시각적 이미지 그리고 좋아하는 사진 구성 등이 보인다. 베이지 톤의 인테리어를 좋아하는지, 다채로운 컬러가 담긴 개성 강한 컬러를 좋아하는지 알 수 있고, 인물 사진 중심의 사진 찍기를 좋아하는지, 소품 혹은 식물, 하늘과 같은 자연 사진 찍기를 좋아하는지도 알 수 있다. 사진의 구도에서도 나만의 스타일이 보인다. 크롭된 사진을 좋아하는 사람도 있고, 풀샷을 좋아하는 사람도 있다.

부캐 '꼬미홈'은 인테리어 전체 풍경 담기를 좋아해서 풀샷으로 담은 거실과 침실의 풍경이 많다. 집 꾸미기 기록들을 보면 자주 보이는 일상의 모습들도 발견할 수 있다. 아이들과 거실에서 많은 시간을 보내는 게 보인다. 함께 다과 시간을 보내거나 거실에 둘러앉아 도란도란 이야기를 나누는 날이 많다. 퇴근과 육퇴 후, 나의 모습도 보인다. 지친 상황에서도 나만의 시간을 확보하며 즐기려고 한다. 아이들이 잠든 뒤, 넷플릭스를 보거나, 머릿속이 복잡한 날이면 책을 읽기도 한다. 인스타그램 피드 속에 요즘 나의 관심사도 보인다. 스톤 오브제가 예뻐 조금씩 모으기 시작했는데 어느 순간 보니 제법 많아졌다. 모르는 사이 나의 취향이 변화하고 있음을 느낀다.

좋아하고 관심 있는 것이 무엇인지, 나의 취향이 어떤 것인지 잘 모르겠다면 나만의 채널을 통해 발견해 보자. 일기장에 하루를 남기는 것처럼 나만의 채널에 나의 생각을 기록해 보자.

인스타그램 외에도 페이스북, 유튜브, 블로그 등 개인 SNS 속 부캐는 나의 취향을 발견할 수 있는 좋은 창구가 될 수 있다. 글이 편하다면 블로그부터 시작해도 좋고, 영상 만들기에 관심이 있다면 유튜브도 좋다. 이도 저도 어렵다면 한 컷의 사진만 업로드해도 되는 인스타그램도 있고, 한 줄의 글만 적어도 되는 트위터도 있다. 내가 남긴 기록의 발자취를 통해 그동안 알지 못했던 나의 취향과 관심사를 발견할 수 있을 것이다.

모든 기록은 흥미로운 자산이 될 수 있기에 기록을 남기는 것 자체로도 가치가 있다. 기록을 통해 관심사와 취향을 발견하고 나면 부캐를 통한 재미있는 세컨드 라이프의 세계가 펼쳐질 것이다.

인스타그램 기록을 통해 발견하는 나의 **취향**

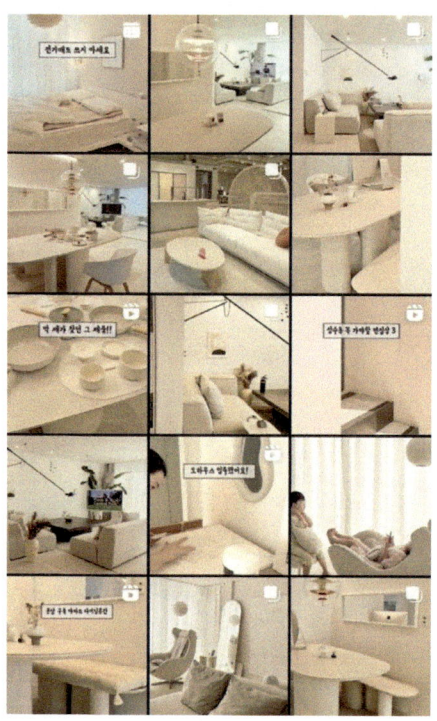

차곡차곡 모인 나의 취향.
내가 좋아하고 관심 있어 하는 것들을 쉽게 발견할 수 있다.

인스타그램, 추천 알고리즘 타다

집 꾸미기 콘텐츠를 꾸준히 올리기 시작한 지
얼마 지나지 않아 새로운 경험이 시작됐다.

자고 일어나면 매일 아침 인스타그램 알림이 수백 개가 있다. '좋아요' 100여 개, 신규 '팔로워' 100명…. '꼬미홈'이 인스타그램 알고리즘 흐름을 제대로 탄 것이다. 나만의 일기장 같았던 비밀 취미 계정이 인스타그램 알고리즘을 타며 많은 사람들에게 노출되고 있었다.

처음 보는 계정의 사람들이 갑자기 팔로우하고, DM을 보내온다. 소통하고 지내자며 인사해 오는 취향이 비슷한 사람들의 DM에 신기하고 당혹스러운 마음도 들었지만 어쩐지 반갑고 기분이 좋아진다. 집 꾸미기에 관심이 많은 워킹맘이 이렇게 많았다니. 새로운 만남에 기대 섞인 설렘을 느꼈다.

어떤 때는 낯선 아이디의 정체를 알 수 없는 사람들이 내 피드에 들어와 이런 집 꾸미기 어떠냐며 댓글로 인테리어를 논의한다. 소소하게 집 꾸미기 일상을 올리던 나만의 비밀 공간은 점점 나의 공간보다는 집 꾸미기와 인테리어 정보를 나누는 모두의 공간이 되어갔다. 인테리어 회사 계정이라 생각했는지 '사장님'이라고 부르며 말을 걸어오시는 분들도 있고, 집 꾸미기 콘텐츠에 관심을 갖고 제품 문의를 해오는 분들도 생겼다. 이러한 관심이 낯설면서도 가슴 두근거리는 기대를 불러일으키기도 했지만 개의치 않으려 노력했다. '관심이 많을 수도 있고 적을 수도 있고 계속 변화하겠지….'

꼬미홈 계정이 활성화되어 가던 시점부터 집 꾸미기 아이템에 대한 정보를 요청하는 사람들도 많아졌다. 인스타그램 DM 문의와 협찬, 협업 제안 건이 많아지고 모두 답변할 수 없을 만큼 메시지가 쌓여갔다. 낯선 상황들이 계속될수록 정보가 필요한 사람들과 인테리어 도움을 요청하는 모든 분에게 내가 할 수 있는 도움을 모두 드리고 싶었다. 꼬미홈이 살고 있는 30년 구축 아파트 리모델링에 대한 인테리어 이야기, 가족 구성원에 맞춘 집 컨셉 설계 방법, 우리 집 스타일에 맞는 인테리어 가구, 소품 아이템 추천 등…. 부족하지만 열과 성을 다해 도움을 드리고 나면 얼굴도 이름도 모르는 분에게서 깊은 감사 인사를 받는다.

"꼬미홈 님 덕분에 인테리어 업체와 잘 상담할 수 있었습니다~"
"문의가 많았는데… 긴 답변 남겨주셔서 정말 감사합니다."

이런 감사 인사를 받을 때면…. 한 게 없는데 칭찬받는 것 같은 부끄러운 마음이 든다. 그러면서 나도 덩달아 너무 행복했다. 어느 순간 꼬미홈 공간이 또 다른 행복한 힐링 소통의 공간으로 느껴졌다.

인스타그램 좋아요 수보다 중요한 것

처음 셀프 인테리어 일상에 힐링하던 그때의 마음처럼
꾸준히 즐겁게 새로운 사람들과 다양한 방식으로 소통했다.

신비로운 네모 공간 속에서 즐기는 행복한 취미 생활이 나의 일상에 활력을 준다. 늘 그렇듯 회사 생활도 최선을 다했고, 일상의 소중함을 기록하는 소소한 즐거움도 게을리하지 않았다. 손바닥 크기만 한 스마트폰 속에 작은 정사각형 네모 세상이 가득하다. 칸마다 채워진 예쁜 사진들에 저마다 사진을 찍은 사람의 행복과 즐거움이 담겨있고, 일상의 추억들이 정성껏 담겨있다.

한 화면에 15칸 남짓 되는 컷들이 보이는데, 가벼운 스크롤 움직임 몇 번이면 수십 장의 추억들이 흘러간다. 예쁜 집 인테리어 사진, 예쁜 아이의 일상 사진, 셀프 인테리어 릴스 등 소중한 추억과 정성 가득한 정보의 결과물이 어쩐지 가볍게 흘러가는 것 같다. 스크롤을 하다 눈이 가는 사진을 눌러 본문 내용을 읽고 사진을 본 뒤, 좋아요와 댓글을 남긴다. 모든 글에 반응을 남기기엔 엄지손가락이 너무 아파 그럴 수는 없지만 가능한 한 좋아요와 댓글을 통해 콘텐츠를 확인했다는 흔적을 남기려고 한다.

피드를 예쁘게 꾸미는 사람이라면 이 한 컷에 얼마나 많은 정성이 들어갔는지 알 수 있을 것이다. 몇 분 만에 사진 촬영과 업로드까지 올리는 분들도 있겠지만, 0.2초 만에 훑어 올리는 스크롤로 보기에는 가볍지 않은 결과물들이 있다. 그 마음을 알기에 인친분들의 예쁜 피드 결과물들을 보고 나면 가능한 한 댓글을 통해 응원하는 마음을 남기려고 한다.

인스타그램은 온라인 플랫폼이지만 플랫폼 속의 모든 이용자는 주변에서 만날 수 있는 평범한 사람들이다. 학생도 있고, 직장인도 있다. 아이를 키우고 있는 주부도 있고, 이제 막 결혼한 지 얼마 되지 않은 신혼부부도 있다. 심지어 나이도 국적도 제각각이다.

얼굴도 모르는 온라인 속의 인연이라고 쉽게 생각하기보다는 실제 만난 인연이라고 생각하며 진심으로 소통하는 것이 중요하다. 한 사람씩 인연을 더하다 보면 인스타그램 속에서 작은 커뮤니티들이 형성되어 간다. 함께 알고 있는 인친들이 하나둘씩 생기다 보면 취향이 비슷한 사람들의 커뮤니티가 더욱 즐거워진다. 관심사가 통하는 사람들을 만나 일상 정보를 공유하다 보면 어느새 나도 발전하고 바쁜 일상 속에서 소소한 힐링도 느낄 수 있게 된다.

좋아요, 댓글, 팔로워 수가 인스타그램 세계에서 표면적으로 드러나는 매력적인 포인트이긴 하지만, 이 네모난 공간 속 세상은 숫자가 다가 아니다. 숫자보다 더 중요한 것은 나와 취향이 비슷하거나 관심사가 비슷한 사람들이다. 새로운 인연을 만나는 데서 오는 행복, 오고 가는 대화 속에서 싹트는 정이 있다. 이렇게 연결된 소중한 인연들은 숫자가 가질 수 없는 강력한 힘을 갖고 있다. 얼굴도 모르는 사람들인데 그게 뭐 중요할까 싶어도 사실 그렇지 않다. 취향이 비슷한 사람들과 만남을 통해 함께 기뻐하기도 하고 슬픔을 나누기도 한다.

Episode

인스타그램에서 만난 불편러들, 천사들

인스타그램에서 만난 불편러들

부캐 '꼬미홈'이 활성화되면서 항상 행복한 일들만 있는 것은 아니다. 아주 간혹 인터넷상의 불편러들을 만나기도 한다. 인스타그램 활동 초기 취미 계정으로 우리 집 공간을 담아 올린 일상 사진에 보기 불편한 댓글들이 올라온 적이 있다. 당시엔 인스타그램에 대해 잘 모를 때였고, 단순히 집 꾸미는 셀프 인테리어 사진을 올리고 있던 시기였기에 이러한 댓글은 더욱 상처로 다가왔다.

> "왜 이런 피드에 제품 정보를 태그 안 해두는 거죠?
> 답변 좀 해주시죠? 팔려고 그러나요??"

나만의 취미 공간에 불쑥 들어온 어느 **낯선 닉네임에 가려진 불편러의 이러한 비꼬는 형식의 댓글…**. 제품 태그를 다는 기능이 무엇인지도 몰랐던 나는 그저 멍했다. 그냥 나만의 SNS 공간이기에 단순히 소소한 취미로 집 사진을 올렸을 뿐인데…. 전문적으로 영업하는 사람으로 오해받는 상황이 생기니 당혹스럽기만 했다. 게다가 발품 팔아 찾은 인테리어 제품 정보를 당연하다는 듯 요구하는 태도가 불쾌했다. 아주 가끔 불편러를 만날 때면 힐링 가득하던 부캐 공간이 스트레스로 다가오기도 했다.

다행히도 이런 억울한 일은 자주 있는 일이 아니다. 대부분 행복하고 즐거운 기억들이다. 힘이 되어주고 행복을 나누어 주는 인친분들이 계셨기에 그런 힘든 일들은 쉽게 잊혀갔다.

인스타그램에서 만난 천사들

"요즘 왜 안 보이세요~~ 무슨 일 있으신 거 아니죠?"
"꼬미 님 덕분에 좋은 정보 얻어 갑니다. 감사해요."
"꼬미홈 님 댓글에 저도 덩달아 행복해져요. ㅋㅋㅋㅋㅋ"

어쩜 이렇게 천사들만 가득한지. 꼬미홈이 만난 인친들은 모두 친절하고 상냥하고 다정하다. 너무 바쁘고 몸이 아픈 나머지 한 달 정도 인스타그램 부캐 활동을 멈춘 적이 있었다. '나를 기억하는 사람이 있을까…?' 잊었을지도 모른다고 생각했다. 조용히 언팔로우하는 분들도 계실지도 모른다고 생각하기도 했다. 그런데 내 예상과 달리 기억해 주시고 걱정하며 기다려주신 분들이 계셨다. 아파서 누워있는 동안 무슨 일 있냐며 DM을 보내주시던 착한 인친님, 얼른 돌아와서 예쁜 집을 보여달라며 응원의 메시지를 보내주는 인친님. **모두 감사하고 소중한 인연이다.**

오메이트 친구들도 걱정해 주었다. '오메이트'는 '오늘의집' 커뮤니티 활동인 '오하우스'의 프로그램 중 하나이다. 관심사가 비슷하거나 동네가 가까운 멤버들을 만나 친목 도모를 할 수 있다. 나는 가까이 살고 있는 분들을 만나는 오메이트를 신청했었다. 그때 만난 소중한 인연이 지금까지도 계속되고 있다. 오메이트 분들의 응원까지 받으니 잠시 쉬었던 집 꾸미기 이야기를 다시 시작할 용기를 얻을 수 있었다.

나를 힐링시켜 주는 것은 집 꾸미기 취미 생활만이 아니었다. 인스타그램에서 만난 천사들도 나의 일상을 힐링시켜 주고 있었다.

부캐는 멈춰있던 본캐의 시간을 흐르게 한다

"(아이스아메리카노 한 모금을 마시며) 올해도 이렇게 끝나가네요.
갈수록 시간이 너무 빨라요~"
"벌써 또 12월! 우리 작년에도 이렇게 앉아있었는데, 와."
"어후 맞네요. 또 똑같네. ㅋㅋㅋ"

이렇게 올해도 회사 사람들과 사무실 팬트리에 모여 앉아 한 해를 마무리하고 있다. 작년에도 재작년에도 항상 비슷하게 흘러가는 연말이다. 시간이 어찌나 이렇게 빨리도 흘러가는지. 프로젝트 시작한 지 얼마 안 된 것 같은데 벌써 올해의 업무도 끝이 났다. 한 뼘 더 성장한 것 같기도 하고 그만큼 늙어버린 것 같기도 하다.

본캐도 분명 내가 원해서 시작한 것인데, 긴 세월이 반복되니 많이 지쳐버렸다. 너무 마음을 다해 일하다 보니 자연스럽게 기대하게 되고 기대하니 실망도 하게 되는 날이 있다. 가끔 맛보는 달콤한 당근과 성장도 좋았다. 그렇지만 어느 순간 반복되는 일상에 성장이 멈춰 내가 가치 없는 사람이 된 것 같다. 승진, 결혼, 출산, 육아휴직… 회사에 다니며 경험할 수 있는 인생의 큰 이벤트도 거의 다 겪었다.

무기력? 번아웃 증후군? 그런 말로도 부족했던 나의 삶에 꼬미홈이 나타났다. 본캐가 할 수 없는 것들을 부캐 '꼬미홈'은 아주 쉽게 해내고 있다. 꼬미홈도 나인데, 가끔은 그런 느긋하고 여유로운 꼬미홈의 힐링 일상이 부럽다. 본캐는 매일 머리 쓰며 두통약이 필요한 하루를 보내기도 하는데, 부캐는 머리 쓸 필요가 없으니 두통약을 먹을 일도 없다. 본캐는 매일 쫓기는 일상을 살아가지만 부캐는 집 꾸미기도 하고 육퇴 후에 넷플릭스도 보고 한결 여유롭다.

부캐 '꼬미홈' 속의 나는 얼굴이 없다. 대기업 디자이너도 아니고, 본캐만큼 큰돈을 벌지도 못한다. 그냥 집 꾸미기 좋아하며 셀프 인테리어 정보를 나누는 얼굴 없는 사람이다. 회사의 후광에 비춰 살아가는 삶이 아닌 부캐로 내가 하고 싶은 것을 하며 살아가는 꼬미홈의 인생이 참 좋다. 그래서 더 꼬미홈의 삶이 부러운지도 모른다.

부캐 '꼬미홈'을 통해 멈춰있던 본캐의 시간이 흐르는 것을 느낀다. 낮에는 평범한 직장인이지만 퇴근과 육퇴 후에는 리빙 인플루언서로 변신하는 본캐와 부캐로 나누어진 삶은 본캐 인생에 긍정적인 영향을 준다. 나의 취향과 색을 잃지 않도록 해주고, 바쁜 일상에 쫓겨 지치지 않도록 지켜주며 유쾌한 일상의 추억을 만들어준다.

어느 순간 일터에서 무기력한 감정을 느꼈던 나는 소소한 취미 생활을 통해 다시 새로운 기운을 되찾았다. 짜증이 줄었고, 원인 모를 조급한 마음이 덜해졌다. 조금씩 힐링이 되고 있었던 것이다.

내적 에너지가 해소되는 취미 생활이 생기니 긍정적인 마인드로 본업에서도 최선을 다하게 되었다. 회사 일이 재미있고, 회사 사람들과 함께하는 하루가 즐겁다. 부캐를 통해 행복 에너지를 충전한 본캐의 삶은 다시 부캐의 삶에 영향을 주어 행복의 선순환이 이루어짐을 느낀다.

　부캐가 중요하듯 본캐의 라이프도 중요하다. 회사에서 배울 수 있고 얻을 수 있는 부분들이 분명히 있다는 점을 인지하고 그 부분들도 놓치지 않도록 노력해야 한다. 퍼스트 라이프에서 얻은 지혜를 가지고 세컨드 라이프를 설계하는 것이 현명한 인생 설계이다. 본캐의 역할을 잘 해내며 최선을 다하되 가족과 나를 위한 미래를 그리며 나만이 할 수 있는 무언가를 계속 찾고 성장시켜야 한다. 그렇게 시간을 보내다 보면 평범하다 못해 따분했던 별것 아닌 일상이 소중하고 특별하게 느껴지고, 다음 날 그리고 다음 주가 기대되는 매일이 될 것이다.

반원 테이블 위에 놓인 '오하우스' 매거진

취향이 비슷한 사람들의 이야기가 담긴 오하우스 매거진.
오하우스 활동 프로그램인 '오메이트'를 통해 좋은 인연을 만날 수 있었다.

오남친이 매달 보내오는 꽃

오하우스를 '오남친'이라고 부른다.
꽃 선물에 서프라이즈 선물까지! 남친이 틀림없다!
부캐 꼬미홈은 본캐의 일상도 행복하게 한다.

Tip
휴직, 퇴직을 해도 괜찮을까?

세컨드 라이프에 집중하고 싶지만 확신이 들지 않았던 순간이 있었다. 그때마다 몇 가지 셀프 질문을 통해 변화가 필요한지 변화를 주어도 되는지 스스로 생각해 보았다.

다음은 자기 확신을 얻기 위해 거쳤던 20가지 질문이다. '나'를 알아보고 '내가 처한 상황'에 대해 생각해 보자. 휴직, 퇴직 등 퍼스트 라이프에 변화를 주어도 되는 상황인지 아래 항목을 천천히 읽고 스스로 마음속으로 답을 해보자. 만약 모든 항목에 자신 있게 '네'라고 답변했다면 일에 변화를 주어도 괜찮아 보인다. 계획한 그 일에 속도를 내어 시작해 보길 추천한다.

A. 나에 대한 질문

1. 나는 지금 하는 일에 흥미가 없다.
2. 나는 지금 하는 일에서 성장을 느끼지 못하고 있다.
3. 나는 조직 안에서 성장을 위한 다양한 노력을 해왔다.
4. 나는 이 일을 통해서 건강이 나빠졌다.
5. 나는 내가 무엇을 좋아하는지 알고 있다.
6. 나는 내가 무엇을 잘하는지 알고 있다.
7. 나는 나에 대한 확신과 믿음이 있다.
8. 나는 평소 충동적이거나 무계획적인 편이 아니다.
9. 나는 평소 계획을 달성하는 편이다.
10. 나는 평소 남에게 많이 의지하는 편이 아니다.

B. 현실적인 상황에 대한 질문

11. 나는 지금 대출금이 없다.
    (대출금, 학자금, 병원 진료비…)
12. 나는 지금 내는 고정 지출 비용을 정확히 알고 있다.
    (관리비, 통신비, 식비, 교통비…)
13. 나는 자가 주택 혹은 안정적인 거처를 소유하고 있다.
14. 나는 정기적으로 들어오는 부수입이 있다.
15. 나는 단/중/장기적인 경제적(주식/부동산 등) 수입 플랜이 있다.
16. 나는 휴/퇴직 다음 날부터 한 달 동안 무엇을 할지 명확한 계획이 있다.
17. 나는 휴/퇴직 다음 날부터 1년간 무엇을 할지 명확한 계획이 있다.
18. 나는 향후 3년 후에도 지금 계획하고 있는 것을 하고 싶다.
19. 나는 계획에 따른 1년 뒤, 10년 뒤 내 모습을 그릴 수 있다.
20. 나는 내 인생을 설계하는 것이 재미있고 앞으로가 기대된다.

워킹맘 세컨드 라이프의 현실

"

아이 키우는 집이 어떻게 이렇게 깨끗할 수가 있는지 정말 많은 분이 물어보셨어요. 사실 매일 깨끗하진 않아요. 매일 부지런히 치워도 다시 아주 빠르게 원상 복귀 된답니다. 그래서 찾은 저만의 정리하는 방법이 있어요. 혼자 하기엔 너무 외롭고 힘들잖아요? 정리는 함께 즐겁게 할 수 있을 때 더욱 빛을 발하게 된답니다.

집 꾸미며 힐링하는 워킹맘 '꼬미홈'

회사 일은 어쩐지 회사를 위한 일인 것 같다.

성취감과 도전 의식을 느끼게 해주는 부분도 있지만 반복되는 과정에 때로는 지칠 때가 있다. 육아도 그렇다. 아이들의 올바른 성장을 위해 시간과 체력을 쏟다 보면 거기서 오는 행복감과 성취감 그리고 만족감이 있다. 그러나 결국 이것도 반복되다 보면 육아는 육아일 뿐이라는 생각이 든다. 그나마 일은 시작과 끝이 분명해서 프로젝트가 끝나면 한 번씩 정리하며 마무리할 수 있고, 매년 연봉도 올라가기도 하는데 육아는 잘해야 본전이고 수입은커녕 지출만 많다. 그저 아이들이 자라면서 느끼는 소소하지만 값진 행복들이 유일한 혜택일 뿐이다.

회사 일과 육아 어느 것 하나 내 맘 같지 않은데 유일하게 내 맘 같은 것이 있다. 부캐 '꼬미홈'이 그러하다. 워킹맘의 일상은 회사 일과 가정의 일만으로도 하루가 빠듯하다. 좋아하는 프로그램을 보며 휴식을 갖는 시간을 확보하기도 쉽지 않다. 그럼에도 불구하고 왜 굳이 집에 돌아와 다시 지친 몸을 일으켜 세우고 집 꾸미기를 시작하는 걸까. 그 이유는 매우 간단하다. 집 꾸미기는 나에게 힐링 가득한 일상을 느끼게 해주기 때문이다. 이것이 바로 피곤한 몸을 이끌고 다시 책상 앞에 앉아 셀프 인테리어를 고민할 수밖에 없는 이유이다.

행복한 직장 생활과 육아 일상을 위해 나만이 느낄 수 있는 취미 생활이 필요한데 그 취미 생활 힐링이 셀프 인테리어로 가능했다. 소소한 나만의 집 꾸미기 이야기를 다른 사람들과 소통하며 행복과 성장 그리고 변화를 느꼈고 그 과정에서 자기 효능감도 올라갔다. '집 꾸미며 힐링하는 꼬미홈입니다.' 꼬미홈이라는 이름으로 집 꾸미기를 시작했을 때 적어둔 나만의 슬로건이다.

처음 꼬미홈을 시작했던 순간부터 지금까지 집을 꾸미는 일상에서 힐링하고 있다. 나만의 취향을 담아 화이트 도화지에 그림을 그려내듯 집의 공간을 꾸며두면 아침에 눈을 떴을 때 행복하고, 밤에 잠들기 위해 소등하는 순간까지도 행복하다. 집에 머무는 시간 외에 집으로 향하는 시간마저도 설레며 행복하다.

나만의 집 꾸미기 방법이 있다면 첫째도 둘째도 우리 가족을 위한 집을 꾸민다는 점이다. 하루를 마무리하고 다음 날 다시 힘을 내서 열심히 공부하고 열심히 일하기 위해 우리의 휴식 공간인 집이 갖는 의미는 크다. 휴식과 즐거움을 주는 공간이 가족 구성원 모두가 좋아하는 공간이 되어야 한다. 모두의 생활 패턴에 맞는 공간으로 설계되어야 하고, 나름 각자의 취향도 담을 수 있는 집이면 더욱 좋을 것 같다. 꼬미홈은 힐링 가득한 일상을 위해 오늘도 엄마와 아내의 마음으로 우리 집 공간을 꾸민다.

조용한
거실에서
쉬고 있는
남편

재택 중에는 점심 먹고 잠깐이나마 안마 의자 하며 쉴 수 있어 좋다.
집 꾸미며 힐링하는 워킹맘 꼬미홈은 가족을 위한 집을 꾸민다.

몸도 마음도 건강한 워킹맘이 되자

"엄마~ 밥 먹고 약 먹었어요??"
"응, 유정아. 유정이가 붙여놔서 잊지 않고 밥 먹고 먹었어~!"
"우왕 너무 잘됐다~"

아프고 나니 가족들이 나의 건강을 챙기기 시작했다. 안방에 홀로 누워 외부의 소리를 차단한 채 괴로워하던 그 시기에 엄마가 아프면 어쩌나 걱정하던 아이들. 늘 건강하고 밝아 보이던 엄마의 아픈 모습을 보니 마음이 많이 쓰였나 보다. 하루는 유정이에게 빈속에 너무 센 약을 먹어 하루 종일 울렁거렸다고 말하니 포스트잇에 '밥 먹고 약 먹기'라고 적어 약통이 있는 선반 앞에 붙여주었다.

엄마 건강을 챙기는 건 유정이뿐만이 아니다. 유준이에게 다리가 아프다고 말하면 쓰윽 다가와서는 고사리 같은 작은 손으로 주물주물 해준다. 강한 모습 보여주기를 좋아하는 유준이는 태권도 빨간띠라고 힘자랑을 하며 안마를 한다. 남편은 늘 나를 챙겨주니 말할 것도 없다. 가족 모두의 보살핌 속에 더욱 건강한 워킹맘이 되어간다.

이번에 나의 청력은 감사하게도 기적적으로 돌아왔지만, 다시 언제든 건강 관리를 소홀히 한다면 그때의 상태로 돌아갈 수 있는 몸이 되었다. 이제 육체적 정신적으로 조금 무리한 날이면 잔잔한 이명이 들린다. 그럴 땐 잠깐 눈을 감고 목과 머리 근육의 긴장을 조물조물 손 마사지를 하며 가볍게 풀어준다. 잠깐 화장실도 다녀오고 물도 좀 마시며 경직된 몸을 풀어본다.

큰 소음이 들리거나 너무 조용한 곳에 있으면 귀가 불편한 느낌이 들어 나도 모르게 두 손으로 귀를 막게 된다. 돌발성 난청 판정을 받았던 그날에 비하면 너무 감사한 지금이지만 아직도 나는 몸에 시한폭탄을 달고 사는 것 같은 공포감이 있다. 이 불안한 마음은 시간이 지날수록 조금씩 흐려져 갈 것이다. 하지만 아쉽게도 완전히 아무 일 없이 걱정 없던 과거로 돌아가는 것은 힘들 것 같다.

일 욕심과 자유 부인이 되고 싶은 마음에 몸조리도 하지 않고 회사로 돌아갔었다. 둘째를 낳고 100일도 안 되어 회사로 복귀해서 이렇게 몸이 약해진 걸까. 아이 둘을 낳고 10년 넘게 회사 생활을 하면서 나의 체력은 많이 약해져 버렸다. 20대 때는 병원 갈 일이 없었는데…. 연년생으로 두 아이를 낳고 40대가 되어가니 잔병치레도 많아졌다. 있는지도 모르고 살았는데 고양이 알레르기가 생겼고, 둘째를 낳으면서 알레르기성 비염도 얻어걸렸다. 이뿐만이 아니다. 확실히 전에 건강했던 곳들이 하나씩 망가져 감을 느낀다. 달라진 몸 상태를 느끼면서 이제부터는 건강을 많이 챙기며 40대를 준비해야겠다는 생각이 든다.

건강한 워킹맘이 되기 위한 작은 실천들을 해나가고 있다. 카페인을 줄이기 위해 커피를 끊은 지 어느덧 6년이 되어간다. 카페인을 끊고 운동을 시작했다. 다니고 있던 회사 헬스장 외에 집 근처 헬스장에 등록하여 꾸준히 운동을 하고 있다. 건강을 챙기니 정기적으로 먹던 한약도 끊을 수 있게 되었다. 노력한 만큼 건강해지는 것이 느껴진다.

하지만 이렇게 운동을 하고 좋은 영양제를 먹어도 마음이 행복하지 않다면 아무런 의미가 없다는 것을 안다. 마음이 행복해야 건강한 워킹맘이 될 수 있다. 아이들과 함께하는 소소한 일상을 행복하게 즐기고 남편과 연차를 내고 보내는 달달한 둘만의 시간도 행복하게 즐긴다.

건강 관리를 하며 일상의 소소한 행복을 느끼니 자연스레 앞으로의 계획을 그려볼 마음의 여유가 생긴다. 몸도 마음도 건강한 워킹맘이 되기 위해 오늘도 나는 따뜻한 차를 마시며 생각을 정리해 본다.

Episode

아이들과 함께 꾸미는 우리 집

인스타그램에 아이 공부방, 아이 침실 등 아이들 관련 콘텐츠를 올리면 종종 이런 질문을 받는다.

> "아이 둘 키우는 집을 어떻게 깨끗하게 꾸미고 사나요?"
> "아이 키우는 집 맞나요, 아이들 장난감은 다 어디 있어요~?"
> "정리 정돈의 비결이 무엇인가요."

두 아이가 있고 게다가 성별도 다른 남매가 있는 네 식구 집이 인스타그램에 깨끗하게 정돈되어 보이는 게 신기하셨던 모양이다. 사실 북적이고 정신없는 집 분위기는 여느 집들이 그러하듯 우리 집도 비슷한 상황이다. 집을 부지런히 예쁘게 정리해 두어도 아이들의 손길이 닿으면 다시 빠르게 원상 복귀 되는 바람에 힘이 빠질 때도 정말 많았다.

그렇다면 어차피 어지럽혀질 것이니 아무것도 하지 않고 그냥 두는 것이 현명한 방법 아닐까? 다시 어지럽혀질 거라면 아무것도 손대지 않고 가만히 두는 것도 방법이겠지만 방치된 집을 보는 것도 스트레스다. 아이가 있는 집은 매시간 시끌벅적 활동이 많기에 정리하지 않으면 안 된다. 정리를 포기하는 순간 더는 손대지 못할 정도로 잔짐이 늘어나고 어수선해질지 모른다.

집 공간을 단정하게 꾸미고 보수하는 셀프 인테리어는 해도 해도 끝이 없다. 꼬미홈 거실 테마는 벌써 여러 번 바꾸었다. 가구를 교체하는 것도 좋지만 늘 새로운 가구를 들일 수 없으니 가구 배치를 바꾸어 새로운 공간을 연출하는 경우가 많다. 집에 기대하는 가족들의 니즈도 계속 변화하고 라이프사이클도 달라지기 때문에 새로운 공간의 창조가 필요해지는 순간이 있다.

아이 키우는 집도 충분히 예뻐질 수 있다. 다만 혼자만 노력해서는 조금 힘들지 모르니 가족이 모두 함께 깨끗하고 정돈된 집을 위해 노력해야 한다. 그리고 **정리 정돈은 일상에 자연스럽게 스며들어야 한다.** 관점을 바꾸어 아이들의 시선에서 방법을 찾아보자. 집을 정돈하고 예쁘고 꾸미는 일련의 과정들을 재미있는 놀이로 느낄 수 있게 한다면 집 꾸미기도 이제 나만의 것이 아닌 우리 가족 모두가 함께하는 즐거운 일상이 될 수 있다.

아이들과 함께하는 셀프 인테리어는 어떨까? 줄자를 들고 이리저리 이동하며 고민하는 나를 보고 아이들은 서로 의견을 보태어 창의적이고 엉뚱한 아이디어를 낸다.

> "엄마! 제 생각엔 소파를 이렇게 붙여서 이쪽 공간에 화분을 옮겨놓고 하면 괜찮겠는데요! 이렇게 하자요!"

누나의 아이디어를 듣더니 둘째도 새로운 아이디어를 낸다.

> "오, 누나! 그것도 괜찮다! 엄마 아빠! 유준이는 여기에 매트를 깔면 좋겠어요. 왜냐하면 유준이 포켓몬 갖고 놀 공간이 많이 없어요."

늘 말할 때 자기 이름을 넣어 말하는 유준이는 오늘도 귀여운 목소리로 집 꾸미기 아이디어를 낸다. 가구를 새롭게 배치해 두면 유정이는 멀리서 팔짱을 끼고 손가락으로 턱을 받치며 감독관 역할을 한다.

> "음…. 뭔가 좀 아닌데~ 엄마 이쪽에서 와서 봐보세요."

아이들이 커가면서 집이 가지는 의미는 더욱 커진다. 학교에 들어가니 친구들을 하나둘 초대하는 일이 많아졌다. 그때마다 이웃들이 우리 집에 놀러 오곤 하는데 놀러 온 친구들이 집이 예쁘다며 칭찬해 주는 상황들이 생겨났다. 그러자 아이들은 우리 가족의 공간인 우리 집에 대한 애정을 더욱 갖게 되었다. 본인 침대는 <u>스스로 정리하고, 책상 주변을 꾸미는 것도 스스로 해본다. 갖고 논 장난감을 정리하는 일도 스스로 한다. 어지럽혀진 공간과 잘 정돈된 공간을 스스로 경험하고 나면 정리 정돈의 중요성을 알고 잘 정리하려고 한다. 함께 하는 집 꾸미기는 함께 하는 집안일로 이어진다.</u> 건조기에서 나온 쌓여있는 옷을 보면 다가와 세탁물을 함께 개며 돕기도 하고, 커다란 이불을 갤 때면 눈치껏 달려와 반대편을 잡아 엄마 아빠를 돕는다.

<u>아이들은 집을 정돈하고 예쁘게 꾸미고 새롭게 바꿔보는 시도를 하는 과정을 통해 우리가 함께 지내는 이 공간이 얼마나 중요하고 아름다운지를 느낀다.</u> 주어진 공간을 어떻게 활용하는지에 따라 다양한 행태가 나오니 창의적인 발상도 가능하다. 의견을 내고 그게 반영되었을 때의 성취감도 느낄 수 있다. 좋아하는 장난감을 예쁜 공간에서 가지고 놀 생각을 하니 집으로 향하는 발걸음도 한결 경쾌하다.

아이 키우는 집에서 무언가를 한다는 것 자체가 사실 쉬운 일은 아니다. 때마다 정돈하고 예쁘게 꾸민 공간을 사진에 담아 기록하는 것은 조금 귀찮은 일일지도 모른다. 그렇지만 바뀐 공간으로 인해 내가 변하고 가족이 변한다면 한 번쯤 해볼 만한 것 아닐까? 단정한 공간은 우리를 부지런하게 하고 새로운 영감을 준다. **<u>아이들과 함께 집을 비우고 정돈하는 놀이 시간을 갖는다면 생각보다 놀라운 일상의 변화를 느낄 것이다.</u>**

아이들이 꾸미는 우리집

우리 가족을 위한 집을 꾸미는 시간이
아이들에게도 흥미로운 놀이가 되었으면 좋겠다.
함께 붓을 들고 페인팅을 하고,
가구 구조 변경 아이디어도 함께 논의한다.

내가 더럽힌 거울은 내가 닦아요

 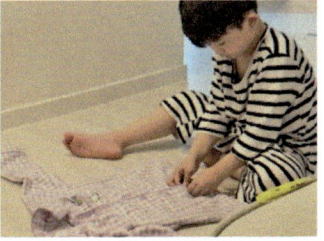

깨끗해진 공간을 경험하고 나면 아이들도 청소와 정리 시간을 즐길 수 있다.

부캐의 성장 뒤, 워킹맘의 다크서클

꼬미홈은 조금씩 꾸준히 성장하고 있다.

그렇게 부캐의 삶은 활성화되어 가는데 이러한 성장 뒤에 나는 워킹맘으로서 정신없는 삶을 살아가고 있다.

오전 9시 출근
저녁 6시 퇴근
저녁 6시 10분 육아 출근
밤 11시 육아 퇴근
밤 11시 10분 집안일 정리
오전 1시 최종진짜최종 퇴근
...
오전 7시 등원/등교 준비

아이들이 회사 어린이집을 다니던 얼마 전까지도 나는 바빴다. 언제든 원하는 시간에 출퇴근할 수 있는 자율출퇴근제이지만 갈수록 일 욕심이 많아지는 바람에 쉽게 회사 밖을 나서지 못했다. 그래도 균형 잡힌 워라밸을 위해 적어도 6시 늦어도 7시에는 어린이집으로 아이들을 데리러 가려고 한다. 분명 아주 늦은 시간은 아닌데 어린이집에 도착해 보면 체감 8시는 된 것 같은 분위기다.

 맞벌이 부부가 많은 요즘, 조부모님 혹은 픽업 도우미분들의 도움을 받아 일찍 하원하는 친구들이 많다. 친구들을 보내고 쓸쓸히 어린이집을 지키고 있던 우리 아이들이 보인다. 서둘렀다고 생각했는데 아이들을 외롭게 두었던 것 같아 마음이 무거워진다.
 집에 가서 밥을 만들어주면 저녁 시간이 늦어지니 회사 식당에서 아이들 저녁을 해결하기로 한다. 사내 식당에 앉아 사랑스러운 아이들과 오늘 있었던 일을 도란도란 이야기 나누며 하루의 피로를 풀어본다.

 집으로 돌아오니 어느덧 시간은 9시. 이때쯤 자야 성장호르몬이 나와서 키가 큰다는데…. 미안하게도 바쁜 엄마는 아이들의 취침 시간을 지켜주지 못한다. 화장을 지우고 편한 옷으로 갈아입을 여유가 없다. 얼른 아이들을 씻기고 다음 날 필요한 준비물을 챙겨주며 아이들을 재운다.
 시간은 10시를 향해가고, 퇴근 후 아이들과 시간을 보낸 게 이제 겨우 3시간이다…. 가족을 위해 그리고 나를 위해 일을 하는 건데 어쩐지 주객전도된 것 같다. 누구를 위한 일일까. 아쉬운 마음에 볼 뽀뽀, 이마 뽀뽀 백 번 하고 다리 마사지를 해주며 책을 읽어준다. 눈꺼풀이 무겁고 몸이 천근만근 무겁고 지친다. 빨리 화장을 지우고 샤워하고 가만히 누워 쉬고 싶다. 분명 저녁을 먹었는데도 어딘가 허기진다. 먹고 싶은 게 떠오르지만, 다음 날 부어있을 얼굴과 숙면하지 못할 몸 상태를 생각하니 먹지 않기로 한다.

오늘도 이렇게 하루가 끝나간다. 시간은 참 빨리도 흐른다. 아이는 하루가 다르게 성장하고, 부모도 조직에서 위치가 바뀌어 가며 바빠진다. 쫓기지 않는 삶을 살고 싶었지만, 아쉽게도 본업의 영역에서 나는 그렇게 살지 못하고 있다.

어떻게 하면 지혜롭게 나의 시간을 확보할 수 있을까. 업무 환경과 육아 환경은 모두 다르지만 세컨드 라이프 설계를 위해 자신만의 시간 관리 방법을 찾아야 한다는 점은 분명하다. 그렇다면 우리는 어떻게 나만의 시간 관리 방법을 찾아야 할까.

나만의 시간 관리를 위한 5가지 원칙

1. 맡길 수 있는 것은 맡기자

 부부가 서로 번갈아 가며 최소 1시간이라도 확보할 수 있는 상황이 된다면 서로 믿고 육아를 맡기자. 아이를 아빠에게만 맡기는 게 걱정되는가? 완벽한 육아는 어차피 이 세상에 없다. 엄마의 육아 방식이 아빠보다 더 낫다고 확신하지 말자. 엄마의 육아, 아빠의 육아 모두 아이에게 유의미하다. 그리고 좋은 육아는 여유와 행복 속에 나온다는 점을 알아야 한다. 엄마, 아빠가 여유롭고 행복해야 아이도 행복하다.

 맡길 수 있는 상황이 된다면 맡기고 나만의 시간을 보내자. 책을 읽어도 좋고, 유익한 유튜브 영상을 보아도 좋다. 특별히 무언가를 하지 않아도 아무 생각 없이 멍하니 머리를 비우는 시간을 갖는 것도 좋다. 비울 수 있어야 채울 수 있는 법이다.

 육아 외에 집안일도 맡길 수 있어야 한다. 반복되는 설거지와 빨랫감 처리가 버겁다면 식기 건조기, 식기 세척기, 의류 건조기를 이용하자. 당연하고 간단한 방식이지만 자기 노동력으로 모든 것을 소화하려고 하는 사람들이 있다. 소중한 내 시간과 노동력을 절약하여 더 의미 있고 가치 있는 여유 시간을 확보하자.

2. 월급의 5%로 나를 위한 시간을 구매하자

이래도 저래도 여유 시간을 확보하기 어렵다면 시간을 돈으로 사는 것은 어떨까? 월급에서 10%는 자기 계발 비용으로 활용해야 한다는 것은 직장인이라면 누구나 알고 있는 부분이다. 그 자기 계발 비용 중 단 5%만이라도 나를 위한 시간을 만드는 데 사용하는 것은 어떨까.

1시간 육아 도우미 서비스를 이용할 수 있고, 1시간 가족 찬스를 통해 아이를 맡기고 감사한 마음을 담아 용돈을 드리자. 아니면 1시간 놀이 시설에 맡기는 것도 좋은 방법이다. 시간제로 운영하는 영어 놀이 시설, 쿠킹 클래스, 레고 블록 방, 슬라임 카페 등 만들기 놀이 시설에 맡기고 최소 1~2시간 나만의 시간을 가져보자. 맞벌이 가정이 많아지면서 시간제 이용이 가능한 돌봄과 놀이가 접목된 시설들이 많아졌다. 만 원, 이만 원 아끼려다 병날 수 있다. 월급의 5%로 나의 휴식과 재충전을 위한 시간을 확보해 보자.

3. 기록을 생활화하자

하고 싶은 것은 많지만 몸과 마음이 모두 여유 있는 완벽한 시간을 확보하는 건 쉬운 일이 아니다. 여유 시간이 생기면 피곤할 때가 있다. 또 어떤 날은 체력이 확보되었지만 시간이 없다. 뭐든 완벽한 시간을 확보하기 어려운 워킹맘, 워킹대디라면 생활 속에서 기록을 습관화하여 일상의 변화를 주도록 해보자.

기록은 하고 싶은 것들을 잊지 않기 위한 작은 장치이다. 갑자기 떠오른 아이디어, 읽고 싶었던 책 이름, 틈나는 시간이 생기면 하고 싶은 것, 이번 계절이 지나가기 전 꼭 해보고 싶은 활동 등 생각나는 것들을 적어둔다. 늘 휴대해야 하는 수첩보다는 언제든 열어볼 수 있는 클라우드 기반의 노트 플랫폼 Evernote, Notion, Google Drive 등을 활용할 수 있다.

마음의 여유가 없는 날이면 저장해 둔 일상의 소소한 목표들을 확인해 보자. 수시로 보며 기억해 두었다가 조금씩 실행에 옮겨보자. 읽고 싶은 책 이름이 적혀있다면 틈나는 시간에 얼른 그 책을 구매해 본다. 나중에 다시 여유가 생기면 집에 도착한 책을 편하게 읽어볼 수 있을 것이다.

4. 내가 할 수 있는 것과 할 수 없는 것을 알자

추진력 있게 살아가는 주변 사람들을 볼 때면 나는 왜 그만큼 하지 못할까. 나는 왜 그렇지 못할까 싶은 생각이 들 때가 있다. 부러운 마음이 들면서 무엇을 해보기도 전에 실패한 것 같은 느낌이 든다. 괜한 자책을 하며 나도 저렇게 되고 싶다는 생각도 한다.

그렇지만 무슨 일이든 내가 할 수 없는 것이 분명히 있다는 것을 알아야 한다. 그리고 나만이 해낼 수 있는 일도 있다는 것을 알아야 한다. 이 세상에 모든 것을 다 잘 해낼 수 있는 사람은 없다. 애초에 배우지 않아도 잘하는 사람이 있고, 백날 배워도 안 되는 사람이 있다.

내가 할 수 없는 것에 미련을 갖지 말고 내가 할 수 있는 것에 과감히 투자하자. 내가 할 수 없다는 사실을 인정해야 불필요한 감정 소모와 낭비되는 시간을 줄일 수 있다.

5. 나 자신을 아껴주자

나만의 시간 관리를 위해 가장 중요한 자세는 바로 나 자신을 아끼는 것이다. 아직은 젊은 것 같고, 아직은 체력이 괜찮다고 생각하며 너무 많은 것을 다 잘해내려 애쓰지 말자. 나를 소중히 생각하고 내가 무리하게 애쓰지 않아도 되는 한계선을 설정해 두자. 딱 그 지점까지만 노력해도 된다.

나를 가치 있게 생각하는 마음을 가져야 여유의 시간과 마음이 확보된다. 그래야 내가 좋아하는 것, 하고 싶은 것을 찾고 나의 취향을 발견할 수 있는 여유가 생긴다.

가만히 있으면 세컨드 라이프는커녕 퍼스트 라이프도 힘겹다. 아무것도 하지 않으면 아무것도 아니게 된다. 대부분 비슷한 상황 속에서 첫 번째 라이프를 살아가며 두 번째 라이프를 설계한다. 주어진 환경 안에서 저마다의 방식으로 인생의 그림을 그려나가는 것이다. 주어진 환경을 불평하기보다 나만의 시간 관리 방법을 통해 작은 여유를 확보하여 집중해 보자. 조금씩 달라지는 나의 일상을 느끼게 될 것이다.

퇴근 그리고 육퇴, 이제 나를 위한 시간을 보낸다

나만의 시간 관리 방법을 찾아 나만의 시간을 확보하고 나니 하루에 한두 시간의 여유가 생겼다.

이제 퇴근 후, 나만의 시간은 부캐 꼬미홈이 되어 보낸다. 바쁜 일상에 쫓겨 인테리어 콘텐츠를 자주 업로드하지 못하지만 적어도 일주일에 한 번 정도는 꾸준히 업로드하기 위해 노력하고 있다. 셀프 인테리어에 대한 이야기 혹은 새로 알게 된 인테리어 소품 정보 공유 그리고 관심사가 같은 분들과의 소통도 빼놓지 않는다. 이 모든 것들은 누가 시켜서 하는 것도 아니고 어떤 강력한 압박에 못 이겨 억지로 해내고 있는 것도 아니다. 그저 내가 원하고 행복해서 하는 것들이다.

너무 피곤한 날이면 아이들을 돌보고 육퇴 후에 아이들과 함께 잠들기도 한다. 건강이 중요한 것은 백 번 넘게 강조해도 모자라지 않다는 것을 나는 뼈저리게 경험했기에 아주 잘 알고 있다. 세컨드 라이프가 중요하다는 것도 알고 미리 준비하는 게 좋다는 것도 알지만, 쫓기듯이 세컨드 라이프를 설계한다면 그건 너무 불행한 일이다. 현재의 시간을 살아가는 지금의 우리 일상도 소중하다. 나를 위해 가족을 위해 행복한 미래를 설계하는 과정이 조급하고 힘들게 진행되어서는 안

된다. 매일 하루도 빠짐없이 열심히 살지 않아도 괜찮다. 그런 날도 있어야 다시 달리는 날도 생길 수 있으니까.

너무 지쳐 그냥 잠든 날이 있듯이 갑자기 떠오른 좋은 아이디어에 늦은 시간까지 콘텐츠를 구상하며 밤을 새우는 날도 있기 마련이다. 얼른 만들어보고 싶은 게 생기면 퇴근 후 늦은 시간까지 잠을 미루고 진행했다. 그렇게 갑자기 집중력이 높아질 때면 쪼개고 쪼갠 시간을 활용하여 인테리어 콘텐츠를 고민하고, 블로그 공부를 하기도 했다. 셀프 인테리어를 하며 시작했던 그림 그리기도 소홀히 하지 않았다. 평일 중에 몸과 마음이 너무 지치고 힘들 때면 상대적으로 시간이 넉넉한 주말에 하고 싶은 일들을 진행하며 나만의 라이프 밸런스를 유지했다. 무리하지 않는 선에서 꾸준히. 그렇게 매일 조금씩 나만의 시간을 놓치지 않으려 애쓰고 있다.

꼬미홈 속의 나는 고연봉의 직장인이 아니고, 그냥 집 꾸미기를 좋아하고 셀프 인테리어 정보를 나누는 얼굴 없는 사람이다. 회사의 후광에 비춰 살아가는 빛나는 삶이 아닌 잔잔하고 소소한 지금 모습이 좋다. 행복하게 부캐로 내가 하고 싶은 것을 하며 살아가는 꼬미홈의 인생이 좋다. 오늘도 퇴근 후, 그리고 육아 퇴근 후, 나는 나를 위한 시간을 보낸다.

STAGE

부캐의 성장

퍼스널 브랜딩으로 수익화하기

"

자연스럽게 수익화로 연결되어야 미래를 위한 설계가 더욱 탄탄하다고 할 수 있죠! 하고 싶은 것을 즐기면서 동시에 수익 실현까지 될 수 있다면 얼마나 좋을까요~ 다양한 수익 파이프라인 구축을 통해 세컨드 라이프 설계를 해보는 중입니다. 지금도 계속 업데이트되고 있답니다.

지금은 인플루언서 시대

우리는 인플루언서 시대를 살고 있다.

누구나 창작자가 될 수 있고, 연예인만큼 혹은 그 이상의 영향력 있는 사람도 될 수 있다. 이런 시대를 반영한 드라마와 예능프로그램도 많이 쏟아져 나오고 있다.

대표적인 사례 중 하나로 몇 해 전 오픈한 넷플릭스 드라마 〈셀러브리티(Celebrity)〉는 지금의 SNS 시대를 반영한 작품으로 셀럽들의 화려한 세계와 치열한 민낯을 보여주었다. 비슷한 시기에 개봉한 〈에밀리, 파리에 가다(Emily in Paris)〉 넷플릭스 시리즈도 낭만의 도시 파리에서 그려지는 인플루언서 이야기를 담고 있다. 이 작품은 시즌을 거듭할수록 일과 사랑에 대한 이야기가 펼쳐지지만, 초반부 주인공이 마케터로 근무하게 되는 배경에 인스타그램 인플루언서로 활동하는 장면이 자주 노출되었다.

몇 가지 작품만 보아도 알 수 있듯 일반인도 어렵지 않게 연예인과 같은 영향력을 가지고 관심을 받을 수 있는 시대가 되었다. 뷰티, 리빙, 펫, 육아, IT 등 인플루언서가 될 수 있는 분야도 다양하다. 인터넷 공간 속에서 내가 가진 생각과 정보를 콘텐츠화하여 올리면 불특정 다수의 사람에 의해 발견되어 공유되고 전파된다. 인터넷 세상 속에서 정보의 파급력은 한계가 없기에 시간이 지나도 콘텐츠의 영향력은 계속되는 경우가 많다.

인플루언서가 되면 광고료 등 금전적 수익도 보장되고 다양한 활동을 통해 새로운 경험을 할 수 있기에 많은 사람은 인플루언서에 관심을 갖고 기꺼이 되고 싶어 한다. 물론 인플루언서가 되고 싶지 않은 사람도 있다. 아이러니하게도 그건 바로 나였다. 일상이 화려하고 부지런하며 내면이 강한 사람만이 인플루언서가 될 수 있다고 생각했고, 나는 누군가에게 영향력을 줄 만큼 대단한 사람이 아니라고 생각했다. 연예인들처럼 보이는 것, 겉으로 드러나는 것을 생각하며 다른 사람의 시선을 느끼며 살고 싶지 않았다. 나와는 전혀 다른, 맞지 않은 길이라 생각했는데, 그런 평범한 내가 집 꾸미기 일상을 공유하면서 자연스레 '리빙 인플루언서'가 되었다.

인스타그램 인플루언서 '꼬미홈'

나는 집 꾸미기를 좋아하고 새로운 사람 만나기를 좋아하며 도움이 필요한 사람에게 도움을 주는 것도 좋아한다.

경험했거나 잘 알고 있는 정보들을 공유하고, 나와 같은 취향과 관심사를 가진 사람들을 만나 함께 일상을 소통하면서 지내는 것에 행복을 느낀다.

집을 꾸미며 힐링하는 일상을 담아 올리던 꼬미홈이 조금씩 성장할수록 인스타그램 속에서 자연스럽게 '인플루언서'라는 이름으로 불리게 되었다. 취미로 시작한 집 꾸미기 기록이 알고리즘을 타고 꼬미홈을 리빙 인플루언서로 만들었다. 대단하진 않았지만 조금씩 영향력을 끼칠 수도 있는 사람이 되었다. '꼬미 님', '꼬미홈 님~'이라고 불러주시는 호칭은 괜찮은데, '사장님', '인플루언서님'이라고 불러주시는 호칭은 아무리 들어도 어색하다. 그냥 집 꾸미기 좋아하는 사람일 뿐인데, 나에겐 너무나 과분한 호칭이다.

처음 취미 계정을 시작했을 때 집 꾸미며 힐링하려 했던 마음처럼 여전히 나는 매일 부캐를 통해 힐링하고 있다. 전공을 살려 퍼스널 브랜딩을 만들어내 세컨드 라이프에 한 걸음 더 다가가니 일상이 흥미롭다.

마냥 예쁘게만 꾸미는 것 같아도 집을 단장할 때 중요하게 생각하는 부분이 있다. 그건 바로 공간에 머무는 사람이다. 행복하고 안정될 수 있도록 따뜻하고 안정된 컬러와 텍스처를 가지고 꾸민다. 꼬미홈 거실은 크고 묵직한 무게감 있는 거실 테이블을 중심으로 따스한 패브릭 소재의 소파를 'ㄷ' 자로 배치하여 꾸몄다. 가족 구성원 서로 얼굴을 마주 보며 서로에게 집중하는 시간을 가질 수 있도록 소파와 테이블의 구조를 짰다. 하얀 벽지보다는 질감이 느껴지는 웜톤의 채도가 낮은 더스티 아이보리 컬러 벽면으로 페인팅을 했다. 사용자 경험을 중시하는 UX 디자이너인 워킹맘 '꼬미홈'은 엄마와 아내의 마음으로 단정하고 따뜻한 집을 꾸민다.

취미 계정이 나를 인플루언서로 만들어주었다. 앞으로는 또 어떤 일이 벌어지게 될까. 가보지 않은 길이기에 걱정도 되지만 왠지 즐거운 일이 일어날 것 같아 설레기도 하다. 두려워 말고 이 흥미로운 변화의 흐름에 자연스럽게 몸을 맡겨본다. 뭐든 해보기 전까지 아무런 일도 일어나지 않으니까.

부캐
꼬미홈
공간

즐겁고 유쾌한 일이 가득한 공간.
일상을 기록하고 취향을 공유하는 치유의 공간이다.
마음이 통하는 사람들과의 대화는 언제나 즐겁다.

Tip
광고비 책정에 영향을 주는 인플루언서 계급

누구나 창작자가 될 수 있고, 영향력을 주는 사람이 될 수 있는 시대가 되었다. 인플루언서의 세계는 굉장히 넓고 세분화되어 있다. 보통 참여율(Engagement Rate)과 팔로워, 구독자, 이웃 수 등과 같이 팬 수로 인플루언서 등급을 나눈다. 인플루언서 등급은 협찬, 광고비를 책정하는 기준이 된다. 적게는 제품만 제공하고 원고료는 없는 케이스부터 많게는 몇천만 원까지 마케팅 비용이 책정된다.

인게이지먼트 공식

$$\{(\text{좋아요} + \text{댓글} + \text{공유} + \text{저장}) \div (\text{팔로워 수 또는 노출 수})\} \times 100$$

좋아요, 댓글, 공유, 저장에 대한 가중치는
마케터와 광고주의 재량에 따라 조금씩 달라질 수 있다.

실제 광고비 책정 방식

일정한 가이드라인이 있긴 하지만 어디까지나 참고 사항일 뿐이다. 실제 광고비는 팔로워와 구독자 수가 많지 않아도 찐팬이 많고 활성화되었다면 기준보다 높은 광고비를 받을 수 있다. 물론 그 반대의 경우도 많다. 그리고 제공하는 현물의 금액대가 높다면 광고비가 보조적인 명목으로 지급되기도 한다.

메가 인플루언서 ₩10,000,000 전후

오십만에서 수백만 명에 이르는 사람들에게 영향을 주는 연예인, 셀럽, 유명 크리에이터는 '메가 인플루언서'라고 칭한다. 메가 인플루언서는 광고비도 많고, 섭외도 끊이지 않는 그 분야의 영향력이 높은 사람이다. 이쯤 되면 부캐가 아닌 본업으로 일하는 분들이 많다. 대기업 직장인 월급보다 높은 수익이 가능하기에 본업이 가능하다.

매크로 인플루언서 ₩5,000,000 전후

메가 다음으로 이십만에서 오십만 명의 팔로워 혹은 구독자를 가진 블로그, 유튜브 채널, 페이스북 페이지 관리자 등은 '매크로 인플루언서'이다. 짧은 릴스 제작 광고로 1,000만 원대 광고비를 받는 인플루언서도 있다. 팔로워와 구독자 수가 많지 않더라도 찐팬이 많다면 비용이 높이 책정될 수 있다.

미드티어 인플루언서 ₩3,000,000 전후

오만에서 이십만 사이의 팔로워와 구독자를 가졌다면 '미드티어 인플루언서'이다. 일정한 수입이 발생되기에 부업으로 병행하기보다 본업으로 전향하는 경우가 많다.

마이크로 인플루언서 ₩1,500,000 전후

만 명에서 오만여 명까지의 사람들에게 영향력을 끼치는 사람들도 '마이크로 인플루언서'이다. 부캐 혹은 본업으로 계정과 채널을 운영하는 사람들이 이쪽에 속하는 경우가 많다.

나노 인플루언서 ₩ ~500,000

천여 명에서 만 명까지 팔로워와 구독자, 이웃을 가진 개인 블로거와 SNS 사용자들을 '나노 인플루언서'라 한다. 특정 분야의 콘텐츠를 일정하게 업로드하여 정보를 주고받으며 소통하는 모든 사람이다.

인스타그램 제품 협찬

"피드가 너무 예뻐서 협찬 제안 드립니다~!"
"꼬미홈 님, 저희 제품과 컨셉이 어울려 연락드립니다."
"안녕하세요. 원하시는 제품 있으시면 협찬해 드리겠습니다."

인플루언서 활동을 하면서 가장 표면적으로 큰 혜택을 보고 있는 부분이 있다면 다양한 제품 협찬과 원고료, 광고비이다. 셀프 인테리어 이야기를 올리고 단정하게 꾸민 집 인테리어를 공유하다 보니 다양한 제품과 서비스에 대한 협찬 DM이 온다. 무상으로 인테리어 제품을 제공해 준다거나 제품 제공과 함께 원고료와 광고비를 추가로 지급해 주겠다는 협업 제안 건들이다. 인테리어 전시장을 오픈하거나 신규 매장이 생겨 홍보가 필요한 경우에도 광고 협업 제안이 오기도 한다.

협찬 품목도 굉장히 다양하다. 예쁜 인테리어에 어울리는 디퓨저, 꽃, 캔들 등 각종 인테리어 소품과 커튼, 러그 등 패브릭 제품, 사이드 테이블, 소파와 같은 대형 가구와 청소기, 가습기, 밥솥과 같은 전자 제품 등 집과 관련된 다양한 홈데코 리빙 제품의 협찬 제안이 들어온다.

모든 협찬의 공통된 조건은 사진 촬영 및 업로드를 통한 인스타그램 피드 노출이다. 아무런 조건 없이 선물로 보내주시는 경우도 있었지만 그러한 경우는 매우 드물다. 조건 없이 받은 경우에도 받기만 하기에는 죄송한 마음에 예쁘게 스타일링하여 일상 피드를 올릴 때 자연스럽게 노출하려고 하는 편이다. 마음에 쏙 드는 좋은 제품을 만날 때면 더 자주 사진을 찍어 올리게 된다. 스타일링할 때도 신나고 사진 찍을 때도 마음에 들어서 그렇게 하는 것 같다.

협찬을 제공해 주시는 모든 광고주와 사장님들은 인스타그램 피드 노출을 통해 제품 홍보가 될 수 있기에 예쁘게 꾸민 집에 제품이 잘 배치되어 스타일링되기를 기대하신다.

인플루언서를 통한 제품 노출의 효과는 생각보다 크다. 좋은 제품을 발견하여 관심을 갖는 분들이 생기고 구매로 연결되기도 하며 꼭 구매하지 않더라도 브랜드명이나 제품 특징을 기억해 두는 경우가 많기 때문이다. 그 마음을 알기에 매출과 홍보에 조금이라도 도움될 수 있기를 바라면서 정성껏 스타일링을 하고 리뷰를 작성한다.

인테리어 제품 협찬은 눈에 보이는 혜택 외에도 좋은 점이 많다. 새로운 제품의 매칭으로 미처 발견하지 못한 새로운 스타일을 발견하게 될 수 있다. 집 꾸미기를 하다 보면 계절에 맞춰 분위기를 바꿔보고 싶고, 새로운 스타일로 집을 꾸며보고 싶은 생각이 들 때가 많다. 집을 바꿀 수는 없으니 새로운 아이템으로 스타일링에 변화를 주고 싶은데 매번 새 아이템을 준비하여 변화를 준다는 것은 쉬운 일은 아니다. 그런 아쉬운 부분들이 협찬 과정에서 해소되기도 한다.

새로 출시한 제품이나 요즘의 트렌드가 반영된 유행 아이템을 만나면 빠르게 적용하여 공간 스타일의 변화를 줄 수 있다. 어울리지 않을 것 같았던 카키 컬러의 가죽 제품이 꼬미홈에 생각보다 괜찮게 어울림을 발견했다. 안방 한편에 독특한 형태의 티 테이블과 의자를 매칭해 두니 생각지 못한 공간의 매력을 발견하여 집이 더욱 다채로워졌다. 정성 들여 꾸미고 있던 꼬미홈 공간에 예쁜 소품과 제품을 더하니 공간이 더욱 아름다워진다. 건강한 제품 협찬은 집 꾸미기 스킬을 업그레이드해 주는 좋은 트리거가 되어준다.

 항상 좋은 점만 있을 것 같은 협찬과 광고 협업도 늘 아름답게만 흘러가진 않는다. 제품을 받기도 전에 무리한 업로드 일정을 강요받기도 하고, 피드에 함께 올릴 원고 내용을 일방적으로 어색하게 바꾸는 경우도 있다. 또 어떤 때는 광고와 다르게 형편없이 별로인 제품을 만나기도 한다. 별로인 제품을 광고 멘트와 함께 피드에 올려야 할 때면 솔직한 리뷰를 하고 싶은 마음에 형식적인 문구만을 담아 제품 판매에 방해되지 않는 선에서 진솔한 리뷰를 담아 올렸다. 다시 광고를 내리고 원고료를 돌려드리게 되더라도 거짓 광고 리뷰를 하고 싶지는 않았다.
 한번은 사전에 논의되지 않은 제품을 촬영만 하고 다시 보내달라며 갑자기 집으로 보내온 업체도 있었다. 창고에 있던 제품을 가져왔는지 매우 더러운 상태인데 마케터는 그냥 그대로 잘 담아달라고 하며 광고비를 더 주겠다고 한다. 보기에 별로인 제품을 예쁘다고 할 수는 없으니 이런 경우 그냥 광고비를 받지 않고 간접적으로 제품 사진만 배경 정도로 담아주고 다시 돌려보냈다.

인플루언서 협찬은 약이 되기도 독이 되기도 한다. 자칫 피드만의 감성을 잃고 상업적으로 보일 수 있기에 달콤한 협찬 제안은 늘 신중하게 검토해야 한다. 나의 인스타그램 피드 주제에 어울리는 제품인지 생각해 보고 전체 무드를 해치는 제품이라면 제안을 받지 않는 것이 좋다. 협찬 건이 계속 들어오다 보면 일정 관리도 중요해진다. 협업이 많아지면서 캘린더상에 촬영 및 업로드 일정이 빼곡해진다. 원고 컨펌을 요청하는 경우 일정에 맞춰 전달해야 하고, N건 이상 노출로 협의된 경우 잊지 않고 업로드해야 한다.
   이렇게 신경 써야 할 것들은 있지만 좋은 협업이 될 수 있도록 꼼꼼히 검토하고, 신중히 판단하여 진행한다면 여러모로 좋은 점이 많다. 그렇기 때문에 종종 좋은 분들과의 협업을 진행하게 된다. 구매에 도움이 되었다는 감사한 피드백을 받을 때면 좋은 제품을 추천할 수 있음에 뿌듯함을 느낀다. 관심과 응원을 주시는 인친분들에게 조금이라도 도움이 될 수 있어 행복하다.

   취미로 시작한 부캐 꼬미홈은 큰돈을 벌자고 하는 것도 아니고 유명해지려고 하는 것도 아니다. 집을 꾸미는 과정에서 느꼈던 힐링을 위함이고 동시에 가진 재능에 비해 많은 관심과 사랑을 받았기에 돌려드리기 위함이다. 일상의 소통을 통해 받은 행복을 선한 영향력으로 돌려드리고 싶다. 제품 협찬을 통해 새로운 제품을 많이 알게 되는데, 좋은 제품을 개발했음에도 마땅한 마케팅 방법을 찾지 못한 영세한 업체들이 많이 보였다. 이런 업체들을 만날 때면 예쁘게 리뷰에 담아 조금이라도 더 홍보에 도움을 드리고 싶은 마음이다.

Tip
위험한 제품 협찬 DM 알아채는 방법

다음 중 신고 및 차단이 필요한 DM은 무엇일까요?

> A "안녕하세요. 주식회사 ○○ 마케팅 담당자입니다. 저희 제품과 무드가 맞아 협찬 제안 드리고자 연락드립니다. 제안드리는 제품은 올해 6월 출시된 ○○○ 제품입니다. 괜찮으시다면 원하시는 품목과 주소, 연락처, 계좌번호와 신분증 사본 부탁드리겠습니다."
>
> B "안녕하세요. ○○○ 체험단 모집 대상에 포함되셔서 이렇게 DM 드립니다. 원고료 지급 및 원활한 협업을 위해 몇 가지 본인 인증 정보 요청드립니다. 파트너님 계좌번호와 카카오톡 비밀번호 등 신청 양식 기입 부탁드립니다."

인테리어 제품 정보와 근황을 묻는 반갑고 고마운 DM과 함께 제품 협찬, 광고 제안 DM이 온다. 수많은 DM 중에 사기 광고 메시지도 있기에 꼼꼼히 살펴봐야 한다. 위 2가지 사례 중 사기 DM이 있다. 정답은 **B**번이다. 제품 협찬 과정에서 개인 정보를 묻고, 계약서를 작성하는 경우가 흔하게 발생하는데, 단 한 번도 카카오톡 비밀번호가 필요한 경우는 없었다. 협업 과정에서 카카오톡과 같은 개인 SNS를 이용하여 대화하기를 요청하는 경우는 해당 회사의 업무 형태이기에 사기라고 볼 수 없다.

개인 정보 중 비밀번호를 요청하거나 불필요한 본인 인증 절차를 강조하는 DM은 신고 및 차단을 눌러 해당 계정을 피해야 한다. 최근 인스타그램 DM을 통한 카카오톡 해킹 신종 사기가 유행하면서 생각보다 많은 사람들이 그럴듯한 메시지에 낚여 개인 정보를 빼앗기고 사기를 당했다.

이런 DM은 피하세요

1. 돈을 요구하거나 비밀번호 정보를 요구하는 경우
2. 제품 2개를 구매하면 1가지 더 무상 제공하겠다며 조건부 제안
3. 지나치게 큰 금액의 원고료를 제안하는 경우
4. 의미 없는 영문자가 얽힌 수상한 계정 아이디
5. 번역기를 돌린 듯 부자연스러운 말투
6. 전화 통화, 페이스북 등 다른 SNS를 통해 연락이 오는 경우
7. 팬 이상의 부담스러운 애정 표현을 하는 경우
8. 해킹, 저작권 위반 등의 이유로 특정 URL 보내오는 경우

DM을 통해 연락 온 업체명을 검색해 보고 믿을만한 곳인지 확인하는 것도 좋다. 아이디 뒤에 '_official'을 붙여두고 특정 브랜드 공식 계정인 것처럼 위장하거나 버젓이 활성화된 계정의 **전체 이미지를 카피하여 새로운 이름으로 계정을 만들어 도용**하는 경우도 많다. 또한 **해킹, 저작권 위반** 등의 이유로 특정 URL을 보내오며 해당 주소를 통해 소명하지 않으면 계정이 정지된다고 하는 사기 DM도 있으니 주의해야 한다.

최근 꼬미홈 계정에도 이 DM이 왔었다. 당연히 사기인 줄 알지만 그럴듯한 메시지 내용에 잠시 혼란스러웠던 기억이 있다. 구글과 네이버에 닉네임을 검색해 본 뒤 스팸 DM이라는 것을 알고 얼른 차단 및 신고했다. 그리고 며칠 뒤 인스타그램에 연결된 메일로 같은 내용의 스팸이 왔다. 정말 치밀하기도 하다. 사기 DM에 속지 않도록 조심해야 한다.

인플루언서 초대 행사 방문

"안녕하세요~ 인플루언서님, 성함이 어떻게 되시죠~?"
"꼬미홈입니다."
"네, 확인되셨습니다. 편하신 좌석에 앉아주세요~"

인플루언서라는 말이 아직 어색하기만 한데, 그런 내가 신제품 홍보를 위한 인플루언서 행사장에 왔다. 갑자기 가족들 생각이 난다. '유정아, 유준아~ 엄마 성공했어!!' 회사원으로서 회사에서 하는 큰 행사는 많이 가보았지만 기업과 홍보를 함께하는 인플루언서 자격을 갖추고 행사에 방문한 것은 이번이 처음이다. 취미로 시작했던 '꼬미홈'이라는 부캐 이름으로 이 자리에 초대받았다는 것도 신기하고 신나는 일이다. 아무도 내 진짜 이름이 무엇인지, 뭐 하는 사람인지 관심이 없다. 그저 이번 신제품 홍보를 함께 할 인플루언서 중 한 명일 뿐이다.

업된 마음을 감추고 얌전히 전시장 한편에 앉는다. 일찍 와서 기다리고 있던 인플루언서들과 이제 막 입장하기 시작하는 인플루언서들이 보인다. 이런 행사는 처음인 듯 뚝딱거리는 사람도 보이고, 자주 경험한 듯 익숙해 보이는 사람도 보인다. 다들 어떤 사람들일까. 나와 같은 워킹맘도 있을까. 궁금하지만 물어볼 수는 없었다.

"안녕하세요~ ○○○ 청소기 신제품 론칭 행사에 와주셔서 감사합니다. 저는 진행을 맡은 ○○○이라고 합니다~!"

사회자분의 또박또박한 인사말과 함께 신제품 론칭 행사가 시작되었다. 이번에 최초로 한국에서 출시하는 제품을 가지고 나와 소개를 시작하니 행사장은 카메라 셔터 소리로 가득했다. '찰칵- 찰칵-' 이 장면을 어딘가에서 본 것 같은데…. 생각났다! 넷플릭스 드라마 〈에밀리, 파리에 가다〉에서 주인공 에밀리가 인플루언서 행사장에 방문했던 장면에서 본 적이 있다! 와, 정말 드라마 속의 상황과 똑같다. 인플루언서들은 핸드폰과 카메라를 들고 각도를 맞춰 연신 촬영을 했다. 바로 인스타그램 스토리와 릴스로 올릴 수 있도록 짧은 영상을 담는 사람들도 보였다. 나도 질 수 없다는 생각에 핸드폰을 쥔 손을 높이 뻗어 제품의 모습을 담았다.

"이 부분에 대해서 언급해 주시면 감사하겠습니다~ 사진 촬영 하실 수 있도록 잠시 대기하겠습니다."
(찰칵- 찰칵- 찰칵- 찰칵-)

행사장에 입장하면서 받은 가이드라인 문서를 보면서 제품 사진을 찍는다. 디테일한 촬영이 필요하다고 느끼면 사회자분이 설명을 멈추고 잠시 기다려 주셨다. 여기 있는 사람들의 팔로워 수를 다 합치면 얼마나 될까? 문득 궁금해진다. 부캐로 활동하시는 분도 계실 거고, 본업으로 유튜브 개인 채널을 함께 운영하시는 분도 계실지 모른다. 신제품을 구경하며 사람 구경도 할 수 있어 재밌다.

　행사장 각 스폿별로 테마가 나뉘어있어 이동하며 제품 설명을 들었다. 마지막 세션에서는 청소기를 자유롭게 사용하는 모습을 찍어 인스타그램에 올려줄 것을 요청하셨다. 한 손에는 청소기, 한 손에는 핸드폰을 들고 촬영하며 신제품을 사용해 본다. 이런 상황이 익숙한 듯 보이는 몇몇 인플루언서들은 핸드폰을 주며 자신을 찍어달라 부탁한다. 나에게도 촬영을 부탁하는 분이 계셨다. 서로 예쁘게 담아주었는데 나중에 보니 너무 마음에 안 들어서 편집하느라 고생했던 웃픈 기억이 있다.

　이 행사 방문을 시작으로 다양한 인플루언서 참여 제안을 받았다. 럭셔리 리빙 인플루언서로 유명한 방송인 기은세 씨가 오픈했던 '내일의 집'에도 초대받았다. 인플루언서를 양성하는 기관들로부터 연락을 받기도 했다. 너무 감사했지만 아직은 혼자 해보고 싶은 도전 과제가 많다고 생각하여 제안을 받아들이지는 못했다. 취미 계정으로 시작했던 부캐 꼬미홈은 조금씩 성장하며 새로운 도전과 경험을 하고 있다.

인플루언서 초청
신제품 행사장

흥미로운 경험을 할 수 있었던 신제품 홍보 행사 참석.
신제품 구경도 하고 인플루언서 구경도 했던 흥미로운 경험이었다.

마켓? 공동구매? 그게 뭔가요

부캐 '꼬미홈'은 집 꾸미기 취미 계정으로 소소한 일상과 셀프 인테리어 이야기를 주요 콘텐츠로 담고 있다.

인스타그램 알고리즘을 타고 팔로워가 늘어가면서 제품 협찬 외에도 공구, 마켓 협업을 제안하는 DM도 많아졌다. 좋은 제품의 사용성을 분석하여 예쁘게 담아 사람들에게 추천하는 것만으로 행복했지만, 부캐가 성장할수록 더 발전된 '꼬미홈'의 모습을 기대하는 사람들이 생겼다. "소파 정보 궁금합니다." "꼬미홈 님, 거실 테이블은 안 파시나요~?"

판매를 해본다는 생각은 해본 적 없는데…. 아주 가끔 판매 문의가 있을 때마다 "따로 마켓 준비 계획은 없습니다~"라고 정중히 죄송한 답변을 드려야 했다. 꼬미홈 셀프 인테리어 이야기에 관심을 갖고 지켜봐 주시는 분들에게 원하시는 답변을 드릴 수 없어 아쉬운 마음이 든다.

'내가 이 타이밍에 놓치고 있는 부분이 있는 걸까…?'

부캐가 성장하다 보면 크고 작은 도전도 조금씩 해야 할 필요가 있는데, 한 번도 해본 적 없는 제품 판매가 낯설고 두렵다 보니 변화와 도전을 해볼 엄두가 안 났다. 어쩌면 나는 성장하는 과정에서 겪게 될 온갖 머리 아플 일들이 두려워 멈춰 서있는지도 모른다. 여기까지가 내가 할 수 있는 부분이라고 한정 짓고 소극적인 자세로 도약할 타이밍을 놓치고 있을지도 모른다. 언제까지 비슷한 패턴을 반복하며 정체될 수 없다는 생각이 든다. 해본 적 없지만 변화와 도전이 지금 시기에 꼭 필요할 수 있겠다는 확신이 들었다.

머릿속이 정리되기 시작하니 그동안 읽지 않았던 협업 제안 DM을 하나씩 읽어보기 시작했다. 비슷한 내용의 제안 문구였다. '마켓'은 뭐고, '공구'는 뭘까. 외계어 같은 제안 내용에 머리가 멍해진다.

'어떻게 협업을 하자는 걸까…?'
'내가 사이트를 만들어야 하는 건가, 배송도 내가 진행하나?'
'판매금을 들고 잠수 타면 어쩌지?'
'나 몰래 불량 제품 보내버리면 어떡하지?'
'얼굴도 모르는데 어떻게 믿고 할 수 있겠어~'

아무래도 나는 이쪽 세계를 너무 모르는 것 같다. 아직도 공부하고 경험해야 할 것들이 많다는 생각이 들어 머릿속이 복잡하다. 도전해보고 싶긴 하지만 누군가를 온라인에서 만나 금전 거래를 하며 물건을 팔 만큼 신뢰하긴 어렵다는 생각이 든다.

첫 번째 마켓을 준비하다

**관심사가 비슷한 주변 인플루언서분들이
공구와 개인 마켓을 열기 시작했다.**

팔로워분들을 위해 좋은 제품을 합리적인 가격으로 낮춰 이벤트 상품까지 제공하는 파격적인 혜택이었다. '꼬미홈도 이렇게 좋은 정보와 혜택을 드려야 하는데….' 부럽고 대단하다는 생각이 든다. 고마운 인친분들에게 꿀정보를 나누고 싶은데 아쉽게도 마켓과 공구를 어떻게 진행하는지, 믿을만한지, 놓치지 말아야 할 부분은 없는지… 알 길이 없다. 인터넷에 인플루언서 마켓 방법을 검색해 본다. 아무도 솔직하고 적나라한 정보를 주지 않는다. 이제 남은 방법은 부딪치며 경험해 보는 것밖에 없다.

쌓여있는 공구 제안 DM을 하나씩 다시 읽어보았다. 다양한 제품 제안 중에 꼬미홈에 어울리는 제품 타입을 1차로 추렸다. 꼬미홈에 어울리지 않는 식품, 화장품, 육아용품 등은 제외했다. 집 꾸미기에 필요한 제품과 서비스 위주로 살펴보기 시작했다. 그리고 지금 시기에 꼭 필요한 시즌성 제품도 저장해 두었다.

날이 추워지고 크리스마스가 다가와서 요즘 시기에 온라인에서 검색과 쇼핑몰 구매가 많이 발생하는 제품을 찾아보았다. 좋은 제품군을 찾았다면 트렌드를 반영한 것이 있는지 추가적으로 검토해 본다. 마침내 꼬미홈과 어울리는 첫 번째 마켓 제품을 찾았다. 그것은 바로 'LED 전구 장식이 돋보이는 크리스마스트리'이다.

> **마켓을 준비할 때 판매 품목을 정하는 방법**
> 1. 내 계정 주제와 어울리는 제품군 찾기
> 2. 주제와 어울리는 품목 중 요즘 유행하거나 시즌성 제품 타입 찾기
> 3. 구매 트렌드를 반영한 브랜드/제품 찾기
> 4. 리뷰를 통해 퀄리티 있는 제품 찾기
> 5. QA 게시판과 고장/환불 건을 보고 신뢰할 수 있는 제품 찾기

인스타그램 DM으로 날아온 마켓 제안 중에 요즘 트렌드가 반영된 LED 전구 장식의 크리스마스트리가 눈에 들어온다. 꼬미홈에도 어울리고 시즌성 제품이라 요즘 관심을 두는 제품이다. 최근 유행하는 장식 없는 LED 전구 스타일의 트리라 반응이 괜찮을 것 같다. 첫 번째 마켓으로 좋은 아이템을 찾은 것 같아 만족스럽다. DM 주신 업체 사장님께 서둘러 답변을 드리고 메시지가 오기를 기다렸다. 사장님은 바로 확인하시고 마켓에 대한 구체적인 계획을 말씀해 주셨다. 첫 마켓이기에 좋은 제품으로 서로 신뢰할 수 있는 협업이 진행되면 좋겠다고 말씀을 드렸다. 사장님은 평소 꼬미홈 계정을 자주 보고 있는 팬이라고 하시며 행복한 마켓이 될 것 같아 기대된다고 하셨다.

조심스럽게 첫 마켓 논의를 시작했다. 탄탄한 진행을 위해 궁금했

던 부분들을 문의드렸다.

> **인플루언서 꼬미홈의 질문**
> 1. 제품 판매하는 마켓은 어떤 사이트에서 진행되나요?
> 2. 진행 원하시는 특정 제품이 있으신가요?
> 3. 자세한 제품 정보 알려주시겠어요?
> 4. 마켓 진행 날짜와 시간 협의가 필요합니다.
> 5. 제품 수량은 확보되어 있으신 건가요? 프리오더 방식인가요?
> 6. 판매가는 어떻게 생각하시나요?
> 7. 할인율은 어떻게 되나요?
> 8. 추가적으로 제공할 수 있는 사은품이 있을까요?
> 9. 구매 발생 시, 제품 배송은 어떻게 진행되나요?
> 10. 배송비는 어떻게 되나요?
> 11. 불량/AS 건 발생 시 프로세스는 어떻게 되나요?
> 12. 배송 시 파손에 대한 책임도 있나요?
> 13. 수수료는 어떻게 되나요?
> 14. 지급 프로세스가 궁금합니다.
> 15. 사진 촬영을 위해 저에게 제품 제공해 주시나요?

지금 보니 너무 초보 티 나는 질문들도 많다. 업체에서 먼저 알려줄 수도 있는 부분도 있는데 걱정이 된 나머지 세세한 부분까지 문의드렸다. 인터넷 검색을 통해서도 알 수 없었던 마켓 협업 프로세스를 한 단계씩 경험하며 신중하게 진행해 갔다. 여러 논의를 거쳐 받은 사장님의 답변을 정리해 보면 다음과 같다.

제품 제공 측의 답변

1. 마켓은 운영 중인 판매 사이트가 있으실까요? 제가 운영하고 있는 스마트 스토어에 꼬미홈 님 마켓 전용 링크 URL을 전달드릴 수 있습니다.
2. 판매 원하는 제품은 정해져 있습니다.
3. 상품은 다음과 같습니다. 사이즈는 3가지가 있고, 상품별로 세부 정보는 다음과 같습니다. 트리 모양이 예쁘고 PE 비율이 높아 금액 대비 퀄리티 좋은 상품입니다. 구체적인 제품 정보는 자료 보내드리겠습니다.
4. 마켓 진행은 인플루언서님 원하시는 시기로 정하겠습니다.
   기간도 원하시는 기간으로 하겠습니다.
5. 현재 확보해 둔 물량이 있긴 하나 많지 않습니다.
   물량 소진되면 2차로 물량을 확보하여 진행 가능합니다.
6. 프리오더로 주문 수량을 모두 취합하여
   마켓 종료 시 일괄 배송 진행하는 방식입니다.
7. 판매가는 000,000원입니다.
8. 할인율은 00% 적용되었고,
9. 추가 제공 가능한 사은품은 없습니다.
10. 제품 배송은 저희 쪽에서 진행합니다.
    배송비는 0,000원이고, 제주 및 산간 지역은 0,000원입니다.
11. 구매자에 의한 파손을 제외한
    모든 불량/파손 건은 새제품을 배송해 드리거나 A/S 가능합니다.
12. 배송에 따른 파손 건 발생 시에도 동일합니다.
13. 생각하고 있는 판매 수수료는 00%입니다.
14. 마켓 종료 후, 2주 후에 판매 내역을 정리하여 바로 정산합니다.
    다음 달 초에 수수료는 지급 완료됩니다.
15. 네, 물론 상품 보내드립니다. 예쁘게 촬영 부탁드립니다~!

대부분의 인플루언서 마켓 협의는 이렇게 진행된다. 구매페이지는 판매자 채널에서 전용 URL을 만들어 보내주시고, 배송과 A/S 그리고 제품 품질에 대한 CS도 판매자 쪽에서 관리한다. 다만 CS의 영역이 조금 애매하다. 인플루언서의 추천을 받고 구매하는 시스템이다 보니 제품에 대한 문의와 불만도 인플루언서에게 오는 경우가 많기 때문이다. 이 부분이 가장 난감하고 어려운 부분이다. 판매자가 약속한 물량을 지키지 못하거나 품질이 떨어진 제품을 제공한다면 인플루언서는 신뢰를 잃게 된다. 매출 욕심에 가격을 교묘히 올려 파는 판매자를 만나게 된다면 더욱 난감해진다. 억울한 일을 당하지 않으려면 믿고 진행할 수 있는 업체를 선정하는 것이 중요하다.

꼬미홈
크리스마스트리

반짝이는 와이어 LED 전구만으로도 충분했던 아름다운 트리.
마켓을 준비하는 과정 자체가 힐링이었다.

이틀 만에 매출 천만 원대 달성

**예쁘게 트리 사진을 촬영해 구체적인
상품 설명 페이지를 인스타그램에 담았다.**

실물이 별로면 마켓 진행을 하지 말아야겠다고 생각했는데 사전에 들은 설명처럼 정말 예쁜 크리스마스트리가 왔다.

제품 홍보를 위한 콘텐츠 작업을 시작했다. 트리 다리를 조립하는 법, 예쁘게 잎사귀를 펼치고 보기 좋게 전구를 두르는 법을 적어본다. 구매자분들이 제품을 받았을 때 당황하시지 않도록 사용자의 관점에서 미리 고려하면 좋을 부분을 정리한다. 예쁘게 조립한 트리를 집 한편에 두고 크리스마스 분위기를 내는 모습도 담아보며 설레는 크리스마스 분위기를 함께 느낄 수 있도록 해본다. 인스타그램에 마켓 예고 소식을 알리고 예쁜 LED 전구를 두른 크리스마스트리 사진을 업로드한다.

역시 예상대로 많은 인친분들께서 관심을 보여주신다. 이맘때 고민할 법한 꼭 필요한 아이템을 합리적인 가격으로 마켓 진행하니 하나둘씩 오픈 '알림' 요청을 주셨다. 알림은 오픈 시 제품 소진 전에 빠르게 구매할 수 있도록 알림을 달라고 하는 인스타그램 속 커뮤니케이션 방식이다. 정해진 수량이 있다 보니 알림 요청을 많이 주셨다.

알림 요청이 있다고 해서 꼭 구매로 연결되는 것은 아니기에 아직 좋아하기에는 이르다. 다만 관심과 기대를 가져주시니 좋은 제품을 정성껏 준비한 입장에서 벌써부터 감사하고 기쁜 마음이 든다. 꼬미홈 집 꾸미기에 관심을 가져주시는 고마운 분들이 많았는데, 이번에 이렇게 좋은 제품을 저렴한 가격에 추천드릴 수 있게 되어 기뻤다.

마켓 오픈 날이 되었다. 다음 날로 넘어가는 밤 12시가 될 때, 알림을 요청한 분들에게 댓글 알림을 통해 오픈되었음을 알렸다. 제품을 제공하는 판매자 사이트에서 구매가 진행되기에 얼마나 팔리고 있는지 알지 못한 채 계속해서 오픈을 알리는 피드를 인스타그램에 올렸다. 늦은 시간이었음에도 불구하고 구매에 성공했다는 인친분들의 메시지가 쏟아졌다.

"꼬미 님, 저 구매했어요!"
"1개 구매했습니다. 착한 가격 감사해요."
"오픈하고 바로 구매했어요! 완전 싸게 샀어요!! 좋은 제품 추천 감사합니다~!"

인플루언서가 되고 처음 느껴보는 기분이었다. 행복하기도 하고 떨리기도 한 묘한 기분. 구매에 성공하셨다는 댓글과 DM이 오면서 좋은 예감이 들었다. 정말 준비한 수량은 몇 시간 만에 모두 품절되었다. 공들여 준비했던 첫 마켓이 전체 품절이라니 정말 놀랍고 감사한 마음이 든다.

행복한 기분이 들다가 문득 지금부터가 가장 중요하다는 생각이 들었다. 구매 후에 어설픈 퀄리티의 제품이 온다면 실망감은 이루 말할 수 없을 것이다. 게다가 크리스마스가 다가오고 있는데 기대와 다른 제품이 도착한다면 기분도 배로 상할 것이다. 업체 사장님께 두 번 세 번 부탁드렸다.

"사장님, 꼭 좀 꼼꼼한 배송으로 예쁜 상품만 부탁드리겠습니다~!!"

이미 검증된 좋은 제품이었지만 그래도 마음이 놓이질 않는다. 택배사에 가서 박스를 하나하나 뜯어보며 다 확인하고 싶은 마음이었다.

모든 재고가 소진되고, 사장님은 트리 업체에 추가 물량을 요청하셨다. 그렇게 다음 날 추가된 물량을 가지고 2차 마켓을 이어갔다. 2차 마켓도 바로 전체 품절 되었고, 순식간에 천만 원대 매출을 넘겼다. 추가 마켓 진행을 요청하는 분들이 계셔 일주일의 준비 기간을 거쳐 3차 마켓을 오픈했다. 3차도 역시 바로 솔드 아웃 되었다. 그렇게 꼬미홈 첫 마켓 도전은 성공적이었다. 좋은 제품을 좋은 가격에 추천드릴 수 있어서 그리고 인친분들의 집 꾸미기에 도움이 될 수 있는 아이템을 추천드릴 수 있어서 너무 행복한 시간이었다.

마켓을 경험하는 과정에서 부캐 '꼬미홈'도 성장할 수 있었다. 마켓을 경험했기에 인플루언서 세계를 조금 더 알게 되기도 했다. 꾸준히 올린 피드가 관심을 받다 보니 덩달아 계정도 활성화되면서 인게이지먼트 수치도 올라갔다. 진행 과정에서 알게 된 새로운 인연도 생겼다.
 그리고 무엇보다 내가 행복했다. 마켓을 통해 수익을 얻은 것도 있지만 돈 때문에 시작한 마켓은 아니었다. 나름 나쁘지 않은 연봉의 직장인이기에 마켓을 통해 벌어들이는 수입은 그에 비하면 소소했다. 첫 마켓을 경험하며 돈보다 중요한 것을 이루었다. 돈으로 살 수 없는 나의 행복과 만족감 그리고 성장이었다.

가정집 스튜디오로 새로운 수익 파이프라인 구축

집 꾸미기를 열심히 하며 일상을 공유하다 보니
어느 날 공간 대여 플랫폼에서 연락이 왔다.

어떤 촬영을 할 수 있도록 우리 집을 서비스에 연결해 준다는데 처음엔 사기인가? 싶었다. 전문 스튜디오가 아니어도 일반 가정집을 스튜디오처럼 운영할 수 있는 방법이 있다고 한다. 예쁜 집을 스튜디오 형태로 공간을 대여해 주면 일정한 수입도 발생된다고 한다. 남편에게 DM을 보여주며 의견을 물었다. 이게 무엇일까? 우리 집을 촬영 장소로 사용한다고? 말이야 방귀야?

'집 안의 물건을 훔쳐 가면 어쩌지?'
'가구가 훼손되면? 은근히 비싼 가구 많은데?!'
'많은 사람이 들어와서 몇 시간을 머물면 집이 더러워질 텐데?'

온갖 걱정이 다 들었지만, 이제는 어느덧 우리 집도 가정집 스튜디오가 되었고, 없어서는 안 될 꼬미홈의 든든한 부수입 한 축을 담당하고 있다. 처음 우려했던 기기 파손 및 훼손 등에 관한 걱정되는 부분들은 공간 대여 플랫폼 기본 조항에 이미 포함되어 있었다. 생각보다 편리하게 공간 대여 플랫폼의 혜택을 받게 되었다.

　가정집 스튜디오로 공간을 빌려주고 있다는 피드를 올리니 종종 인 친분들께서 DM으로 고민을 토로하셨다. 관련 DM 제안을 받았으나 초창기 나와 같은 고민을 하고 계셨다. 정말 진행해 봐도 괜찮은지 조언을 구하시면 나는 그럴 때마다 내가 경험한 이야기를 말씀드리고 덧붙여 이렇게 말씀드렸다.

　"뭐든 해보지 않으면 멈춰있을 거예요~
　큰 기대 없이 가볍게 경험해 보세요~
　생각보다 나쁘지 않네?! 싶으실 거예요~"

　모든 플랫폼은 처음엔 다 생소한 법이다. 싸이월드, 미투데이, 트위터, 페이스북, 틱톡 그리고 인스타그램과 유튜브까지. 처음 인스타그램, 유튜브가 생겨날 때도 낯설었지만 이제는 없어서는 안 될 또 하나의 마켓 플레이스가 되었다.
　공간 대여 플랫폼도 마찬가지이다. 몇 년 전까지는 낯선 플랫폼이었지만 지금은 일반 가정집 스튜디오가 꽤 많이 등록되어 있는 상황이다. 숙박을 제공하는 에어비앤비와는 다르게 스튜디오 목적으로 공간을 제공하는 차별화된 서비스이다. 공간 대여 사업을 위해 일부러 작은 방이나 지하방을 얻어 예쁘게 꾸며 운영하는 사람들까지 생기고 있다. 촬영할 것은 많지만 촬영 장소가 넉넉지 않은 요즘 사람들의 니즈를 반영한 공간 대여 서비스는 장소를 제공하는 사람도 장소를 제공받는 사람도 모두 만족하는 효과를 얻고 있다. 숙박을 제공하는 에어비앤비와는 다르게 스튜디오 목적으로 공간을 제공하기에 호스트 입장에서 허들이 낮은 편이다.

꼬미홈을 가정집 스튜디오로 사용할 수 있도록 오픈해 두니 취향껏 꾸며둔 공간을 보고 촬영 컨셉에 부합한다고 생각하는 여러 회사들이 광고/홍보용 촬영을 위해 예약을 요청해 왔다. 방문하시는 분들은 다양한데, SNS 광고를 찍기 위해 오는 분들이 가장 많았다. 어떤 날은 연극 영화과 대학생들이 드라마 제작을 위해 방문하기도 했다. MBN 예능, MBC 시사 프로그램 등 방송국에서 광고/인트로/인터뷰 촬영을 위해 오시기도 했다.

가정집 공간 대여를 위해 내가 준비할 것은 많지 않다. 촬영 전에 간단한 콘티와 촬영 계획을 듣고 호스트인 나는 촬영 공간을 더욱 신경 써서 정리해 둔다. 그리고 촬영이 시작되면 편히 촬영하실 수 있도록 자리를 비운다. 신기한 마음에 먼발치서 구경한 적도 있었는데 이제는 촬영에 방해가 될 수 있겠다는 생각이 들어 자리를 비우고 있다. 잠시 카페에 가거나 운동을 하고 약속된 종료 시각에 맞춰 오면 촬영은 마무리되어 있다. 별다른 노동력이 들지 않기에 편하게 돈을 버는 것 같은 느낌이다.

집 꾸미기 이야기를 공유하다가 우연히 시작하게 된 가정집 스튜디오. 소소한 집 꾸미기 일상의 공유가 점차 영역을 확장하여 다른 소중한 경험으로 연결되고 있다. 공간 대여 서비스를 통해 재미있는 일도 정말 많았다.

하루는 꼬미홈에서 촬영이 있던 날 여자 모델 한 분이 일찍 집에 도착하셨다. 30대로 보이는 단아하고 아름다운 여성분이 스태프분들을 기다리고 계셨다. 어색한 공기가 흘러 우리는 가볍게 인사를 나누고 대화를 이어갔다.

아주 오래전 이 동네에 살았던 적이 있다고 말씀하시던 여성분은 나와 공통점들이 있었다. 우리 모두 엄마라는 점, 모델분도 과거 오랫동안 분당에 살았던 점, 휴직을 경험하고 다시 복직하여 일을 시작했다는 점, 아이를 키우면서 나를 잃어감에 슬펐고 일하는 지금이 너무나 행복하다는 점…. 짧은 대화 속에서 우리는 서로 공감했고 마음속으로 응원했다. 헤어질 때 연락처를 물어볼까 생각했지만 너무 부담을 드리는 것 같아 그냥 두었다.

그런데 정말 신기하게도 우리는 다시 인연이 닿았다. 며칠 뒤 모르는 아이디로 인스타그램 DM이 왔다. 알고 보니 그때 그 여성 모델분이셨다. 어찌나 반갑고 감사하던지! 촬영했던 공간의 거실 모습이 인스타그램 추천 피드에 보여서 반가운 마음에 인사했다고 하셨다. 우리는 맞팔 친구가 되었고, 나는 그녀의 모든 연기 활동을 응원하고 있다.

새로운 사람을 만나고 새로운 인사이트를 얻는 것을 좋아했던 나는 긴 세월 회사 속에서 소극적인 인간관계로 나를 조금 잊은 채 살아왔던 것 같다. 그 순간만큼은 예전의 나로 돌아간 것 같았고, 그런 나를 되찾아 주고 있는 부캐 꼬미홈이 정말 고마웠다.

가장 **많은** 스탭분들이 방문하셨던 날

작은 집에 스무 명이 넘는 분들이 촬영을 위해 방문해 주셨다.
재택 중인 남편의 점심 짜장면도 챙겨주셨던 PD님, 감사합니다.

촬영 장소로 가장 **인기** 있는 꼬미홈 안방

셀프 페인팅 벽면 위에 직접 그린 그림을 걸었다.
포근하고 따스한 안방은 다양한 신제품 촬영 인기 장소이다.

수익화 채널 확장하기

"

끝날 때까지 끝난 게 아니죠! 부캐가 성장하는 모습을 보면 또 새로운 도전을 하고 싶어져요. 성장통은 조금 있더라도 그렇게 하나씩 경험을 확장하다 보면 인생이 더 재밌어지는 거 아니겠어요? 부캐의 성장을 통해 생각지 못한 부수입 파이프라인도 구축하게 되었어요. 이 정도면 뭐 세컨드 라이프 설계는 아주 잘되고 있다고 봐야죠~!

"

블로그 확장으로 플랫폼 한계 극복

**인스타그램이 익숙하다고 느껴질 때쯤
소통의 영역을 더 확장했다.**

인스타그램은 사진과 짧은 글을 통해 간단하고 빠르게 소통할 수 있는 장점이 있지만, 상세한 정보를 담아 전달하기에는 어려운 부분이 있다. 물론 정보를 상세히 담아 피드를 노출하면 되지만 하나의 플랫폼에서만 정보를 노출하기에는 확실히 아쉬운 순간들이 있었다. 이를테면 이벤트를 진행하는 경우가 그렇다. 이미지와 영상에 텍스트를 추가하여 담았으나 수정 및 업데이트의 어려움이 있다. 수정이 가능한 본문에 자세히 작성하는 것은 좁은 공간에 문단 구분도 쉽지 않고 글자 크기도 작아서 읽기 편한 구조는 아니다. 그래서 소통의 창구를 확장하면 플랫폼의 한계를 극복하는 동시에 정보 노출률도 높일 수 있겠다고 생각했다.

소통 창구의 확장을 위한 플랫폼은 유튜브와 블로그가 대표적인 후보였다. 여러 플랫폼 중 나의 성향과 맞고 상세한 정보 글을 담아낼 수 있는 블로그를 선택했다. 블로그 서비스 중에 국내 시장 점유율이 높고 이웃들과 소통하기 수월한 네이버를 택했다. 그렇게 꼬미홈의 소통 창구가 인스타그램에서 네이버 블로그까지 확장되었다. 지금 생각해 보면 당시에 이러한 빠른 판단은 시기적절했다.

블로그 오픈 당시 인스타그램 유입 수가 높았었다. 블로그의 오픈 소식을 알리니 자연스럽게 방문자 수와 이웃 수가 늘어났다. 인스타그램 속 꼬미홈에 관심을 주시던 고마운 인친분들이 블로그로 찾아와 한없이 부족했던 내 글들을 읽어주셨다. 감사한 마음에 블로그도 소홀히 하지 말고 꾸준히 글을 담아야겠다는 생각이 들었다.

처음 블로그를 개설한 직후 삼 일 동안 방문자 수 '7'이었던 때가 잊히지 않는다. 너무 앙증맞은 숫자가 귀여워 인스타그램 스토리에 올린 적도 있다. 부끄러운 수치이지만, 앞으로 변화할 모습을 생각하면 전체 방문자 7이 귀엽게만 느껴졌다. 현재 모습에 일희일비할 필요는 없었다. 뭐든 출발은 어색하고 부족한 법이니까. 이러한 과정이 있기에 결과가 생기는 것이다. 앞으로 생길 흥미로운 변화를 생각하면 뭐든 괜찮았다.

양보다는 질이 중요하다고 믿으며 블로그 글을 하나씩 정성스럽게 작성했다. 다른 블로거분들을 보면 글이 수백 개는 되던데 나는 이제 겨우 3개를 올렸다. 얼른 50개, 100개를 올리고 싶은 마음이었지만 글의 개수가 중요하지 않다고 생각했다. 인터넷에 떠도는 정보를 편집하여 담기보다는 직접 찍은 사진과 영상을 가지고 포스팅을 작성했다. 일기 형식으로 감상평을 적기보다는 사실 정보에 근거한 의견을 넣었다.

인테리어를 주제로 시리즈 글을 담기도 했다. 그동안 인스타그램을 하며 예쁘게 담아둔 집 사진을 잘 모으고 분류하여 각각의 주제를 잡아 작성하기 시작했다. 꼬미홈은 30년이 넘은 구축 아파트에 대한 인테리어 이야기니까 글의 제목은 '분당 30년 구축 아파트 셀프 인테리어'이다. 거실 정면에 있던 보일러 분배기를 앞 베란다로 이전한 이야기, 분배기 이동과 동시에 원하는 거실 인테리어를 할 수 있었던 이야기를 담았다. 좁은 주방에 가벽을 두어 다이닝 공간과 요리 공간을 분리한 것도 시리즈 글의 한 꼭지로 잡았다. 식욕을 떨어뜨리는 개수대를 눈에 보이지 않게 가렸던 방법 등 작은 주방에 대한 인테리어 고민을 해소했던 나만의 방법들을 담았다.

    블로그 글은 1편, 2편, 3편 이렇게 담아 올리는 시리즈 글이 여러모로 좋은 장점을 지닌다. 첫 번째 글에 유입된 사용자가 글에서 좋은 인상을 받았다면 자연스럽게 정보를 더 얻기 위해 두 번째 글로 넘어가게 된다. 한번 유입된 방문자가 두 번째 게시글을 열람함과 동시에 인당 조회수가 늘어나고, 유입 후 블로그에 머무는 시간이 늘어난다. 글의 주제를 찾기 어려울 때 시리즈를 아우르는 메가 타이틀이 있다면 하위 타이틀 컨셉을 잡기 한결 수월해진다. 게다가 다음 시리즈 업데이트가 조금 늦춰지더라도 다음 편을 궁금해하는 사람들이 있기에 자연스럽게 흥미를 유지하며 재방문과 조회수까지 연결할 수 있다. 이러한 수치는 블로그 지수를 높이는 작용을 한다.

    블로그 지수가 높아지면 검색 결과 노출률이 더 올라간다. 높은 퀄리티의 비슷한 글이 있어도 더욱 신뢰할 수 있는 블로거의 글이 검색 결과 상단에 노출되기 때문이다.

인스타그램만 운영하다 블로그에 글을 쓰기 시작하니 숨통이 트이는 느낌이 들었다. SNS 플랫폼마다 이용자가 느끼는 장단점이 있기에 한 가지 플랫폼만 집중하기보다는 두 가지 이상의 플랫폼을 경험해 보는 것을 추천한다. 의외로 나와 맞는 스타일의 서비스를 발견할 수도 있고, 콘텐츠의 노출도 늘어나니 두 배의 홍보 효과도 가져갈 수 있기 때문이다.

이제는 시간이 날 때마다 블로그 앱에 접속해 글을 작성한다. 퇴근 후, 유의미한 여가 시간이 늘어난 것 같아 만족스럽다.

> Tip

나에게 어울리는 소통 채널 선정하는 방법

개인 채널 시대가 열리면서 팔로워, 구독자와 같이 나의 이야기에 관심 있는 사람들과 함께 <u>공감하고 위로하며 기뻐하는 일련의 감정 활동이 중요해졌다.</u> 가지고 있는 생각과 뜻이 서로 통해야 <u>온라인 속 사회생활</u>이 가능하다. 소통이 가능한 온라인 채널은 다양하다.

그중 가장 대표적으로 인스타그램과 블로그, 유튜브가 있는데, 모두 커뮤니케이션이 중요한 개인 플랫폼이다. <u>**각 플랫폼이 특화된 부분이 다르기에 나와 잘 맞는 타입을 선택하는 것이 중요하다.**</u> 꼬미홈은 인스타그램 채널을 통해 집 꾸미기 이야기를 하며 인게이지먼트를 높이기 시작했고, 정보 전달을 위한 소통의 채널을 네이버 블로그 플랫폼까지 확장했다.

그렇다면 나에게 맞는 소통 채널이 무엇일까? 어떻게 하면 효과적인 소통을 할 수 있을까?

다시 기회의 영역이 되어가는 '블로그'

1. 세컨드 플랫폼으로도 좋아요

과거 블루오션이었던 블로그는 한때 레드오션이 될 만큼 시장 포화 상태였지만, 다양한 플랫폼(인스타그램, 유튜브 등)이 생기면서 다시 기회의 영역으로 변화되고 있다. 인스타그램이나 유튜브를 사용하던 인플루언서들이 사업의 확장을 위해 선택하는 세컨드 플랫폼으로 많이 이용하고 있다.

2. 많은 정보를 한눈에 담기에 좋아요

블로그는 동영상, 사진, URL, GIF 등 다양한 미디어를 개수 제한 없이 올릴 수 있기에 많은 정보를 한눈에 담아야 하는 경우 적합하다.

3. 비주얼 센스가 부족해도 괜찮아요

글을 통해 생각을 정리하는 방식이 편하거나 비주얼적 완성도를 높이는 것이 어렵다면 블로그로 개인 소통 채널을 가져가는 것이 좋다.

4. 블로그 이웃들만의 소통 방식이 있어요
블로그에서는 '이웃' 기능을 통해 소통의 활성화가 가능하다. '서로이웃'을 맺거나 나만 이웃 추가를 할 수도 있다. 이웃이 되면 블로그 피드에 이웃들의 글이 표시되는데, 좋아요와 댓글을 통해 서로의 글을 읽어주며 소통할 수 있다. 꼬미홈의 경우도 주기적으로 방문하여 글을 읽어주시는 이웃분들에게 고마운 마음을 담아 답방을 가기도 한다. 서로 답방을 하며 흔적을 남겨주는 것이 블로그 이웃 간의 소통 방식이다.

5. 검색 결과 확인을 위해 방문하는 사람이 대다수예요
블로그는 검색 결과 확인만 하는 경우가 많아 인스타그램 댓글, DM의 활성화만큼 소소한 소통이 많은 편은 아니다. 그러나 이웃 관리를 잘하는 블로거들의 경우 좋아요와 댓글이 활성화되어 있는 경우도 많다.

수익 기능이 강화된 '인스타그램'

1. 비주얼 센스를 가진 사람에게 어울려요
이미 포화 상태이나 빠른 시간 내에 나만의 채널을 만들고 싶다면 인스타그램도 괜찮다. 사진 1장만 가지고도 피드를 장식할 수 있기에 빠르게 나의 페이지를 구성할 수 있다. 인스타그램은 비주얼적 센스를 가진 사람이 운영한다면 흥미로운 피드백과 성과를 낼 수 있다. 계정의 컨셉에 맞추어 피드를 단장하는 것이 중요하다 보니 글보다는 사진 중심의 공간이다.

2. 3x4영역의 12컷이 중요해요
피드를 예쁘게 꾸미고 싶다면 계정 방문 시 첫인상을 좌우하는 3x4영역의 12컷 피드 내용이 중요하다. 이 12컷만 보고도 인스타그램 계정에서 보여주고 싶은 대표 컨셉이 드러나야 한다. 어필하고 싶은 포인트들이 12장 컷에 모두 담겨있어야 처음 방문하는 누구나 이 계정에 대해 이해하고 매력을 느낄 수 있다.

3. 사진 스킬이 있는 사람에게 좋아요

인스타그램은 계정의 컨셉이 드러나는 톤앤매너와 무드가 중요하기에 사진 찍기 좋아하거나 남다른 사진 촬영 스킬이 있는 분들에게 더욱 적합하다.

4. 감성적이고 소통을 좋아하는 분에게 좋아요

인스타그램의 팔로우 목적은 나의 피드에 정보와 즐거움을 주는 것을 자주 띄우기 위함인 경우가 많다. 인스타그램을 하다가 나와 취향이 맞지 않는 피드가 보이면 언팔로우하는 경우도 빈번하다. 댓글 소통과 비슷한 관심사를 가진 사용자들 간에 커뮤니티가 중요한 플랫폼이기에 이왕이면 감성적이고 대화하기를 좋아하는 분들에게 추천하고 싶다. 만약 리액션이 약한 편이거나 감정 교류에 능하지 않다면 친근한 소통이 이루어지는 인스타그램 채널 운영이 조금 버겁다고 느낄 수 있다.

5. 꾸준한 릴스 업로드가 알고리즘에 도움이 돼요

인스타그램은 사진과 동영상을 10컷까지 담을 수 있는 '피드'와 영상 콘텐츠가 담기는 '릴스', 프로필 사진에 24시간만 노출되는 '스토리'가 있다. 릴스는 움직이는 영상 결과물로 만들어 올리다 보니 시간과 노력이 더 들어가기 때문인지 노출 알고리즘에 더욱 긍정적인 영향을 준다고 알려져 있다. 노출률을 높여 계정을 활성화하고 싶어 하는 인플루언서들은 사진보다 릴스를 더 많이 꾸준히 업로드하기도 한다.

6. 구독/보너스 기능을 통한 수익화가 가능해요

최근 수익화할 수 있는 '구독' 기능이 나오면서 월 구독료도 받을 수 있게 되었다. 월 구독료는 인플루언서가 설정할 수 있고, 언제든 바꿀 수 있다. 유료 구독을 신청한 팔로워는 일종의 VVIP 같은 개념이라 특별한 그들만을 위한 콘텐츠 공간을 누릴 수 있다. 또한 릴스 재생으로도 '보너스' 수익을 얻을 수 있다. 인스타그램 구독, 보너스 기능은 더 친밀한 소통을 가능하게 하는 동시에 그동안 유튜브와 블로그에 비해 별다른 수익을 볼 수 없던 인스타그램 인플루언서들에게 수익화할 수 있는 기회가 되었다.

광고 수익률이 높은 '유튜브'

1. 애드센스 연동을 통해 높은 광고 수익이 가능해요

2008년 한국어 서비스를 시작으로 꾸준히 성장하고 있는 개인 동영상 채널이다. 구글 애드센스 연동을 통해 조회수로 높은 광고 수익을 낼 수 있기에 연예인을 비롯하여 많은 사람들이 개인 유튜브를 통해 부수입 파이프라인으로 운영하고 있다. 인스타그램의 경우 이제 막 수익창출 기능이 생기고 있고, 블로그는 배너 광고 수입이 있지만 유튜브에 비하면 아쉬운 수준이다. 유튜브는 동영상만을 업로드해야 하기에 추가적인 작업이 필요하지만 한번 유튜브의 수익 창출 조건을 만족하면 영상에 광고를 노출하고 조회수에 따른 고정 수익을 얻을 수 있다. 수익 창출의 조건은 구독자 수가 500명을 넘기고, 지난 90일 동안 동영상 업로드가 3개 이상인 경우, 12개월 동안 공개 동영상의 유효한 총시간이 3,000시간에 도달하거나 공개 쇼츠 조회수가 300만에 도달한다면 구글 애드센스 연동을 통한 수익 창출의 시작이 가능하다.(2024년 1월 기준 정책)

2. 동영상 제작에 능한 분들에게 좋아요

영상으로 소통하기를 좋아하고, 댓글 소통보다 완성도 높은 콘텐츠를 업로드하여 소통하는 것이 편하다면 유튜브 플랫폼이 적합하다. 동영상 제작에 대한 경험이 없어도 광고 수익을 위해 시작하는 경우가 많기에 다양한 영상 만들기 툴을 활용하여 시작해 보는 것도 좋다.

3. 영상을 통한 정보 전달이 편한 분들에게 좋아요

유튜브는 인스타그램에 비해 답방을 가거나 댓글, 좋아요 등 1:1 소통이 상대적으로 많지 않아 영상을 통한 정보 위주의 소통이 편한 타입에게 적합하다.

내가 네이버 리빙 인플루언서라고…?

**플랫폼의 확장은 나에게
또 다른 새로운 경험을 안겨주었다.**

인생이 참 재미있는 게 이런 부분이다. 수많은 선택을 하다 보면 어느 순간 내가 예상하지 못한 재미있는 결과를 보여주기도 한다.

블로그를 시작하고 1년이 되지 않았을 무렵 정말 감사하고 놀라운 일이 생겼다. 큰 성과가 없어도 꾸준히 묵묵하게 관리해 오던 네이버 블로그 꼬미홈이 네이버 리빙 전문 인플루언서로 선정된 것이다. 어느 날 메일을 확인하고 갑작스러운 인플루언서 선정 소식에 너무 놀랐다. '내가 리빙 전문 인플루언서라고…?' 블로그를 하는 사람들이라면 특정 분야의 인플루언서가 되고 싶다는 생각은 한 번쯤 해보았을 것이다. 나 또한 언젠가 그렇게 되면 좋겠다는 생각을 했지만 아직은 부족하기에 꿈도 꿀 수 없었다. 그런 나에게 인플루언서 선정의 영광을 주시다니 너무나 감사하고 기쁜 일이다. 인플루언서 선정을 이토록 놀랍게 받아들이는 이유는 사실 한 가지 더 있다.

예쁘게 집을 꾸미며 셀프 인테리어를 하던 어느 날, 지금 하는 인플루언서 활동에 대해 생각해 보며 앞으로 어떤 재미있는 활동을 해보면 좋을지 고민에 빠졌다. 가정집 스튜디오가 그렇듯 아직 경험해 보지 못한 새로운 재밌는 세계가 있을지도 모른다는 생각이 들었다. 그렇게 꼬미홈이 확장할 수 있는 다른 서비스 타입을 고민해 보던 중 인플루언서들이 특정 앱들을 통해 협업을 진행하기도 한다는 정보를 알게 되었다. 평소 집 꾸미기에 관심이 많은 사람들이 어떻게 계정을 운영하는지 관심을 두던 참에 새롭게 알게 된 서비스였다. 서비스 관리자를 통해 꼬미홈도 초대를 받아 가입을 하게 되었는데, 가입 항목 중 네이버 브랜디드 콘텐츠 사용 여부를 체크하는 항목이 보였다. 네이버 브랜디드 콘텐츠 사용을 위해서는 인플루언서 등록이 필요하다기에 간단한 기재를 통해 인플루언서 등록을 신청했다. 그리고 등록되기만을 기다렸다. 그것이 무엇인 줄도 모른 채….

그렇게 지원했다는 사실을 잊고 지내며 며칠이 흘렀다. 우연히 이메일을 들어가 보니 인플루언서 등록이 되었다는 메일이 와있었다. 잘 등록되었구나 싶어 인플루언서들이 많이 사용한다는 그 앱에 브랜디드 콘텐츠 사용 가능으로 체크하여 업데이트했다. 단순히 그 항목을 충족하기 위해 신청했던 인플루언서 등록. 그것은 바로 몇 번이고 이유를 알 수 없이 탈락해서 재수 삼수한다는 악명 높은 '네이버 인플루언서'였다.

이 사실을 알게 된 계기도 정말 황당하다. 인플루언서 등록이 잘 되었다는 메일을 읽고 바로 닫는 바람에 함께 온 첨부를 확인하지 못했고, 다시 자세한 정보를 파악하기 위해 메일을 열었다. 생각보다 많았던 인플루언서 등록의 혜택들… 그리고, 네임카드를 준다…? 이게 뭔가 싶어 궁금한 마음에 검색을 해본 뒤에야 내가 지원한 것이 네이버 인플루언서였다는 것을 알게 되었다. 인플루언서 등록은 그냥 등록만 하는 건 줄 알았던 나는 황당하고 또 기쁘기도 한 묘한 감정을 느꼈다. 알고 있던 제도였고 언젠가 도전하기 위해 차근차근 운영해 왔던 블로그였지만, 아직은 시기상조라고 생각하여 도전하지 못했다.

어찌 보면 모르고 지원한 것도 다행이었다는 생각이 들었다. 만약 알았다면 아직은 도전하기에 이르다고 생각하고 예쁘게 성장시키고 있는 블로그를 그냥 두고 도전하지 않았을 것이 분명했다. 이렇게 하루라도 빨리 도전을 해보게 되어 정말 다행이라는 생각이 들었다. 그리고 그동안 준비했던 블로그의 성장이 올바른 방향이었다고 생각하니 더욱 뿌듯한 마음이 들었다.

더 성장하고 싶은 욕심과 호기심이 새로운 기회로 연결될 수 있었고, 준비해 온 것들이 있었기에 기회가 왔을 때 놓치지 않고 잡을 수 있었다. 만약 지금 하는 정도에 만족하며 아무것도 하지 않았다면 나는 이러한 변화를 겪지 못했을 것이다. 흥미를 갖고 있는 분야에 대한 지속적인 관심과 실천이 꼬미홈을 한 뼘 더 성장시켰다. 좋아하는 분야가 있다면 끊임없이 관심을 두는 습관을 가지자. 그러면 어떠한 형태와 방향으로든 변화를 이끌어줄 것이다. 인터넷에는 새로운 기술과 트렌드 뉴스, 다양한 정보들이 가득하지만 찾고자 하는 사람에게만 발견될 수 있다. 관심을 둔다면 늦지 않게 좋은 기회를 발견할 수 있고, 잊고 지낸다면 좋은 정보들은 나를 스쳐 지나 흘러간다. 아직 발견하지 못한 좋은 정보와 기회들이 있을지 항상 관심을 두고 다양한 사례를 찾는 자세를 갖추어야 한다.

좋은 콘텐츠를 찾기 위해 인테리어와 공간 UX 정보를 수집하던 평소 습관이 자연스럽게 네이버 리빙 인플루언서 제도를 만날 수 있는 기회로 연결해 주었다. 좋은 습관과 호기심을 가지고 꾸준히 관심을 가지되 나의 경쟁력과 가고자 하는 길을 잊지 않는다면 변화하고 성장할 수 있다.

Tip
내가 경험한 네이버 인플루언서 제도

네이버 인플루언서 제도는 네이버에서 운영하는 주제별 전문 창작자를 선정하여 더욱 영향력 있는 인플루언서가 될 수 있도록 돕고 양질의 콘텐츠를 생산하고 공유할 수 있도록 돕는 서비스이다.

파워 블로거랑 같은 건가요?
<u>과거에는 파워 블로거라는 이름이 있었지만 이제는 네이버 인플루언서라고 부르고 있다.</u> 2010년대 초 네이버에서 연 1회 우수 창작자에게 파워 블로그를 시상하며 활발히 운영되었으나, 사회적으로 파워 블로거의 문제점이 드러나면서 2014년 공식 폐지되었다. 현재는 네이버 인플루언서라는 제도로 바뀌었다. <u>인플루언서는 매달 분야별로 소수의 인원이 선정된다.</u> 꼬미홈이 지원한 리빙 분야는 선정 당시 10명 내 인원이 선정되었고, 전체 리빙 인플루언서는 1,500명이었다. 네이버 인플루언서 제도 외에 '이달의 블로그'도 있다. 인플루언서와 별개로 우수 활동자에게 여러 혜택을 주는 제도이다. 매달 진행하지만 분야별로 몇 달에 한 번씩 선정하기에 연 2회 정도 진행한다고 볼 수 있다.

나에게 어울리는 분야가 있을까요?
네이버 인플루언서는 분야별로 다양하다. 리빙 분야 외에 여행, 패션, 뷰티, 푸드, IT테크, 자동차, 육아, 생활건강, 게임, 동물/펫, 운동/레저, 프로스포츠, 방송/연예, 대중음악, 영화, 공연/전시, 도서, 경제/비즈니스, 어학/교육 <u>**총 20가지의 다양한 분야**</u>가 있다. 워낙 분야가 다양하다 보니 가만히 살펴보면 나에게 가장 어울리는 핵심 분야가 적어도 한 개는 보일 것이다. 흥미로운 인플루언서 세계를 경험하고 싶으시다면 20가지 분야 중 나만의 분야를 선택하여 도전해보자. 원하는 분야가 여러 개 있다면 각각의 블로그를 개설하여 운영한 뒤, 모두 지원할 수 있다.

될 때까지 지원할 수 있나요?

2024년 기준으로 네이버 리빙 인플루언서는 네이버 블로그나 포스트, 유튜브, 인스타그램 중에서 하나라도 운영하는 창작자라면 모두 지원할 수 있다. 누구나 지원할 수 있지만 네이버의 내부적인 기준에 맞춰 평가가 이루어져 최종 선정이 되거나 탈락이 된다. 탈락한다면 다시 준비하여 바로 도전할 수 있다. 다만 2번 지원 후 모두 탈락한 경우, 마지막 지원한 날로부터 30일이 지나야 재지원할 수 있다.

선정되면 어떤 좋은 점이 있나요?

네이버가 말하는 혜택
- 나만의 팬페이지 '인플루언서 홈' 생성
- 나만의 온라인 네임카드 생성
- 네이버 검색창에 나만의 프로필 노출
  (예: '@꼬미홈' 검색하기)
- 블로그 글 본문과 상/하단에 유료 광고 노출
- 네이버 플러스 멤버십 1년 무료 제공
- 전국 파트너스퀘어 스튜디오, 편집실 이용 가능
- 브랜드 협찬/협업 소통할 수 있는 브랜드 커넥트 채널 이용
- 크리에이터 워크숍 프로그램 무료 이용
- 팬과 1:1로 소통할 수 있는 톡톡 메시지 기능

그 외 내가 느낀 더 많은 혜택
- 상위 노출에 유리한 '키워드 챌린지' 도전 가능
  특정 검색 키워드의 상위 노출을 겨루는 '키워드 챌린지'는 상위권(금/은/동메달)이 되면 최상단에 노출될 수 있다. 키워드 챌린지 상위권이 되지 않더라도 인플루언서 콘텐츠 영역에 작성한 글이 노출된다.
- 원고료가 책정되고, 협찬 등 협업의 폭이 넓어짐

갑자기 협업 제안이 많아지고, 제품 제공만이 아닌 원고료 지급이 시작된다. 인스타그램 원고료보다 높게 책정되는 경우도 있다.

- 팬 페이지를 통해 새로운 사람을 만나는 소통 창구 확장

  블로그 '이웃', 인스타그램 '팔로워'와 다른 팬 페이지의 '팬'이 따로 운영된다. 찐팬 분들의 응원을 받을 수 있고, 다른 네이버 인플루언서분들과의 소통을 통해 커뮤니티 영역이 확장된다.

- 홍보 효과가 더해져 블로그 활성화

  선정된 후부터 블로그가 더욱 활성화되면서 홍보 효과가 커진다. 새로운 팬의 유입과 협찬, 협업 제안이 많아진 것도 이런 부분에 영향을 받은 결과이다.

- 블로그 운영의 즐거움, 만족감 상승

  블로그 운영에 즐거움이 더해진다. 읽어주시는 분들이 조금씩 늘어나니 블로그 운영에 자신감도 생긴다.

10개월 운영한 블로그, 한 방에 선정되다

1년이 채 안 되던 짧은 운영 기간
50개가 겨우 넘는 적은 게시물 수
주제에 맞는 게시글과 반응률이 높은 편인 블로그

당시 꼬미홈 블로그는 전체 방문자 수가 3만 명도 되지 않았고, 글 개수도 얼마 되지 않았다. 하루에 2, 3개 포스팅하시는 분들을 생각하면 한 달도 안 되어 가뿐히 채울 수 있는 게시물 수였다. 블로그 이웃 수는 1,000여 명 남짓이었다. 운영 기간이 짧고 글 양도 많은 편이 아니었지만 그에 반해 이웃 수는 운영 기간 대비 적지 않았고, 조회수와 좋아요, 댓글 반응도 나쁘지 않았다.

또한 꾸준히 유입률이 높아지며 성장해 가는 꼬미홈 블로그와 함께 이미 어느 정도 인게이지먼트가 활성화되어 있던 꼬미홈 인스타그램 채널이 있었다. 그리고 나름 자부할 수 있는 부분은 블로그 글의 퀄리티이다. 정보를 각색하여 담은 것이 아닌 100% 창작물로 구성했다. 사진과 동영상 글 모두 우리 집에서 촬영한 결과물이고 직접 써 내려간 글들이었다.

앞서 언급한 여러 조건들을 가진 꼬미홈 블로그는 리빙 인플루언서로 선정될 수 있었다. 조건들 중 눈에 띄게 부족하다고 느꼈던 아쉬운 부분들은 다른 강점이 될 수 있는 요소들에 의해 보완되었으리라 생각된다.

꼬미홈 인스타그램이 성장하면서 소통 플랫폼을 블로그까지 확장했을 때 자연스럽게 이용자들이 유입되었던 것이 블로그 성장에 큰 도움이 되었다. 인스타그램 인게이지먼트가 높았던 만큼 블로그의 유입과 활성화 정도도 높아진 것이다.

처음 인스타그램을 시작했을 때부터 블로그 인플루언서가 되기까지 모든 것은 자연스럽게 흘러갔다. 인스타그램을 통해 부족하지만 진심을 다해 소통했기에 조금씩 활성화되며 성장할 수 있었다. 그 과정에서 더 깊이 있는 정보 소통을 위해 개설한 블로그로 리빙 인플루언서가 될 수 있는 조건을 갖출 수 있었다.

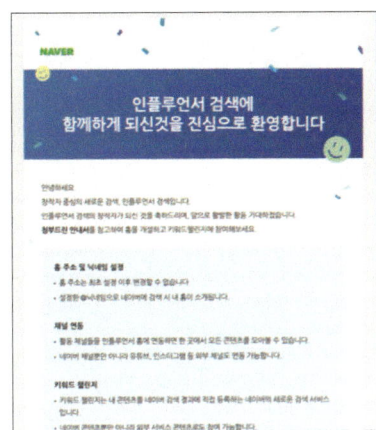

인플루언서 **선정** 메일

블로그 성장을 위해
차근차근 준비했던 것들이
통했던 순간

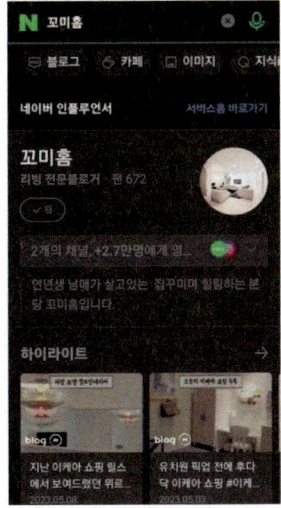

네이버
인플루언서
검색 페이지

팬페이지가 생기니
더욱 열심히 포스팅을 하고 싶어졌다.

> Tip
블로그 성장을 위해 준비했던 15가지

꾸준히 블로그를 관리하며 중요하게 생각한 것들이 있다. **블로그의 성장을 위해 놓치지 말아야 할 몇 가지 원칙**들이 있는데, 이 원칙들만 지켜도 충분히 네이버 인플루언서에 선정될 수 있을 것이다. 현재 나의 블로그 채널이 잘 관리되고 있는지 확인해 보고 보완 및 강화하여 보다 나은 블로그 환경을 구축해 보자.

1. 정확한 목표를 설계한다
지원하고 싶은 인플루언서 분야를 정확히 정한다. 지원 분야는 내가 꾸준히 작성할 수 있고, 제일 많이 작성해 온 글의 분야가 되어야 한다. 본인과 전혀 관련성 없는 주제를 정해서는 안 된다.

2. 나만의 경쟁력 있는 닉네임을 갖는다
유튜브, 인스타그램, 블로그 등 운영하고자 하는 SNS 플랫폼에 동일한 닉네임으로 계정을 만드는 것이 좋다. 팔로워와 구독자가 쉽게 블로그를 발견할 수 있고, 글을 작성하거나 인사말을 하는 등 운영 과정에서 훨씬 수월함을 느낄 것이다. 닉네임은 나의 주제 혹은 경쟁력 키워드가 드러날 수 있게 하되 부르기 편하고 듣기에 익숙한 짧은 문장 혹은 단어로 짓는 것이 좋다. 꼬미홈은 남편 애칭과 나의 이름을 딴 '꼬미'에 집 이야기를 하고 있으니 '홈'을 붙였다. 간결한 문장으로 소개할 때는 '집 꾸미며 힐링하는 꼬미홈'이다. 닉네임과 한 줄 소개용 문구는 인스타그램, 블로그 그리고 오늘의집 등 인플루언서 관련 플랫폼에서 모두 동일하게 사용하고 있다.

3. 목표에 맞는 블로그 컨셉을 드러낸다
목표가 있고 주제가 담긴 닉네임이 잘 정해져 있다면 이제 이를 가지고 블로그

대문과 이름에서 지원 분야가 드러날 수 있도록 해야 한다. 닉네임과 한 줄 소개, 대문 이미지에 지원 분야가 드러날 수 있도록 하자.

4. 목표에 맞는 글을 지속적으로 발행한다

최소 50개의 게시글은 기간을 두어 꾸준히 성실히 나만의 언어로 작성한다. 작성한 글 중에서 지원 분야에 맞는 글의 점유율을 높여라. 여러 카테고리 중에 지원 분야에 맞는 카테고리를 상단에 올린다. 지원 분야에 맞는 글을 공지사항에 고정해 둔다. 대표 글과 인기 글 추가 기능을 적극 활용하여 지원 분야에 맞춰 블로그를 꾸민다. 대표 글은 내가 원하는 글을 선택하여 대문에 돋보이게 할 수 있다.

5. 글 하나에 주제는 2개를 넘지 않도록 한다

작성하다 보면 주렁주렁 이야기 주제가 나열될 때가 있다. 자칫 산만하고 무슨 이야기를 하는지 모르겠는 인상을 줄 수 있다. 한 가지 주제를 깊이 있게 작성하되, 필요시 최대 2개까지 작성하여 명확한 주제로 지원 분야에 맞는 양질의 글을 보여주자.

6. 목표에 맞지 않는 글은 하위로 이동한다

글을 작성하다 보면 지원 분야와 동떨어진 글이 발생하곤 한다. 그런 경우 메인 화면에 노출되지 않도록 하위 항목으로 내려서 관리한다. 이때 지원 분야와 관련 없는 글이 생각보다 너무 많다면 지원 시기에 맞춰 비공개로 바꾸어주자. 너무 광범위하게 여러 분야의 글이 있기보다 지원 분야에 맞는 글 위주로 글을 정리하는 것이 중요하다.

7. 카테고리를 자주 관리한다

오래 운영된 블로그일수록 지원 분야에 맞는 카테고리 수정과 삭제가 필요하다. 시간이 지날수록 나도 모르게 중구난방 다양해진 블로그의 성격을 관리하기 위함이다.

8. 지원 분야에 맞는 타 SNS 채널을 연결한다

유튜브/인스타그램/포스트 등 그 외 지원 분야 관련하여 관리하는 채널이 있다면 모두 연동한다. 더욱 풍부한 콘텐츠를 제공하기 위함이다.

9. 첫인상에서 지원 분야를 각인시킨다

최신 글들을 격자 타입 보기 방식으로 전환했을 때 지원 분야가 연상되는 이미지를 구성한다. 가로세로 3x3, 9장 안에 블로그의 성격이 묻어나게 한다. 게시글 수를 늘리기보다는 지원 분야에 맞는 글을 작성한다.

10. 블로그에 애착을 갖고 활성화한다

게시글 수를 늘리기보다는 이웃/좋아요/댓글 관리를 통해 블로그 활성화율을 높인다. 활성화된 블로그는 다시 이웃이 찾아오게 된다.

11. 블로그 이웃과 찐 소통 한다

이웃과의 찐 소통은 건강한 블로그를 만들어준다. 비슷한 관심사 혹은 같은 블로그 주제를 가진 이웃을 만나 소통하는 것이 나의 퍼스널 브랜딩을 성장시키는 길이다. 새로 올라온 글을 읽어주고, 방문의 흔적을 남기며 꾸준히 소통하기에 블로그 지수에도 좋은 영향을 준다. 그렇다 보니 블로그를 통해 맺은 좋은 이웃은 검색 유입보다 나을 때가 많다.

12. 나만의 창작 분야를 갖는다

나만의 창작물 이야기를 담아보자. 블로그에 대표 글로 연재할 만한 콘텐츠를 설계하여 가지고 있는 것이 중요하다. 지원 분야에 적합한 인플루언서가 될 수 있음을 어필할 수 있다.

13. 블로그 지수를 관리한다

인터넷상에 떠도는 정보를 복사하여 붙여넣기 하지 않는다. 블로그 지수를 떨어뜨리는 행위이다. 누구나 옮길 수 있는 내용은 가능한 한 담지 말자. 신뢰할 수 있는 정보를 기반으로 작성하고, 글 주제에 맞는 충분한 길이의 내용을 담는다.

14. 같은 지원 분야에 있는 경쟁자 블로그를 방문한다

나와 같은 관심사를 가진 블로거는 어떻게 블로그를 운영하는지 방문하여 분석해 보자. 이미 인플루언서가 된 블로그라면 더욱 참고할 수 있는 부분이 많을 것이다.

15. 가장 활성화된 시기에 지원한다

블로그를 관리하다 보면 자주 방문하여 글을 작성하지 않아 잊고 지내는 경우가 생긴다. 아주 오래전 블로그를 개설하여 시작한 경우 이러한 사례들이 많다. 인플루언서에 지원하고 싶다면 블로그를 몇 개월 활성화한 뒤, 가장 활성화가 잘되었다고 느끼는 시점에 지원한다.

모든 준비가 되었다고 생각한다면 스스로 심사위원이 되었다고 생각하고 블로그를 제3자의 시선에서 둘러보며 평가해 보자. 자기 객관화가 어려워 판단을 내리기 어렵다면 블로그 서비스를 이용해 본 적이 있는 가족이나 지인, 회사 동료 등 주변 사람들에게 의견을 받아보는 것도 좋다. 블로그를 방문하여 얻은 인상을 설명해 달라고 부탁해 보자.

운영한 지 오래된 블로그일수록 판단력이 흐려져 블로그에 대한 평가를 객관적으로 내리기 어려울 수 있다. 게시글 수와 누적 전체 방문자 수도 높은 블로그이지만 몇 번씩 네이버 인플루언서에 미선정되고 있다면 자기 객관화가 어려운 상황일 수 있다.

애정을 걷어내고 객관화된 시선으로 블로그에 대한 인상을 정리할 필요가 있다. 지원 카테고리와 관련 없는 글들이 너무 자주 보인다거나 카테고리가 주제에 맞지 않게 복잡하진 않은지 생각해 보며 블로그를 정돈해 보자.

블로그 광고 수익률이 대폭 상승한 이유

**네이버 인플루언서로 선정되고 난 뒤, 왜 그토록
많은 사람이 인플루언서가 되려고 하는지 알게 되었다.**

저마다 다양한 이유가 있겠지만 큰 폭으로 상승하는 광고 수익률을 무시할 수 없다. 이전에는 광고 수익을 거의 생각도 할 수 없었는데, 이제는 매달 조금씩 쌓이다 보니 아이들 학원비에 보태 쓸 정도가 되었다.

네이버 인플루언서로 선정되면 다양한 혜택들이 있는데, 이 중 가장 큰 혜택으로 느껴지는 것은 높은 수익률을 보장하는 프리미엄 광고 제공이다. 인플루언서가 되면 기존엔 없었던 프리미엄 광고가 추가된다. 블로그 글 최상단 영역에 노출되는 광고로 콘텐츠 읽기에 방해 없이 노출이 잘되면서 상대적으로 높은 수익을 얻을 수 있다. 글 본문에 섞여 노출되는 광고도 프리미엄급 광고로 표시된다. 일반 광고 대비 높은 보상이 있기에 이전보다 커진 광고 수익을 기대할 수 있다.

인플루언서로 선정된 이후에는 글을 작성할 때 더 큰 책임감으로 최선을 다해 꼼꼼히 작성했다. 해시태그도 검색 키워드 순위를 고려하여 입력하였다. 전보다 글의 퀄리티가 오르고 인플루언서 자격까지 생기니 검색 노출률은 눈에 띄게 높아졌다. 자연스럽게 광고 수익이 상승했고, 그렇게 새로운 수익 파이프라인이 생겼다. 부캐 꼬미홈의 수익 구조가 한층 더 성장하게 되었다. 40대 이후의 불로소득 달성 꿈에 한 발짝 더 다가갔다.

블로그 광고 수익률 상승을 기대한다면 목표 분야를 정하고 실행에 옮겨보자. 현재 운영 중인 블로그가 있다면 특정 카테고리를 목표로 꾸준히 블로깅해서 인플루언서에 지원하는 것을 추천한다. 너무 큰 목표인 것 같고 막연하게 느껴지는가. 블로그 개설조차 해둔 게 없어서 막막한 마음이 드는가. 그런 고민은 목표를 잡고 마음먹은 순간부터 더 이상 의미 없는 고민일 뿐이다. 어차피 시작 단계와 성장 단계에서 내가 부족해 보이는 느낌이 드는 것은 당연하다. 시작이 없다면 어떠한 결과도 얻을 수 없다. 성장의 과정들을 묵묵히 꾸준하게 한 단계씩 도장 깨기를 하는 마음으로 진행하다 보면 어느 순간 꽤 성장하여 있을 것이다. 그 결과가 인플루언서 선정이 될 수도 있고, 멋진 블로거가 될 수도 있다. 낮은 방문자 수와 적은 글 수가 너무 애매하게 느껴져도 괜찮다. 어차피 지금은 중요하지 않다. 계속 나아질 테니까 크게 걱정할 필요도 주저할 필요도 없다.

얼마 전까지 블로그가 없었던 나는 블로그 개설하고 3일 동안은 전체 방문자 수가 7이기도 했다. 인플루언서 선정은 금전적인 혜택과 함께 명예로운 성과를 얻게 해주고 덩달아 일상에 활력과 자신감도 주니 도전하지 않을 이유는 없다.

네이버에서 티스토리로 확장하다

부캐 꼬미홈은 인스타그램을 운영하는 과정에서
네이버 블로그를 개설했고, 네이버 인플루언서가 되었다.

인플루언서가 되고 이전보다 광고 수익도 올랐고, 인스타그램만 운영했을 때보다 많은 이야기를 담을 수 있게 되었다. 또한 블로그를 통한 협찬 제안까지 발생하면서 더 좋은 콘텐츠를 발견할 수 있는 경로가 확장될 수 있었다. 분명 좋은 점들뿐인데, 어딘가 부족하다.

처음보다 많이 성장한 것은 맞지만, 시간이 흐르다 보니 열정이 많이 줄어들었다. 게다가 네이버는 콘텐츠 포화 상태이다 보니 상위 노출 되기도 쉽지 않고, 광고비도 전보다는 올랐지만 성장세가 둔화됐다.

블로그 운영에 대한 변화와 확장이 필요함을 느꼈다. 블로그에 양질의 콘텐츠를 다시 1일 1블로깅 챌린지 형식으로 꾸준히 포스팅하기로 했다. 동시에 콘텐츠 노출과 광고 수익이 조금 더 오를 수 있는 방향을 찾아야겠다는 생각이 들었다. 현재 잘 정돈된 리빙 콘텐츠를 더 잘 활용해 볼 수 있는 방향이 없을까 고민했다. 변화와 확장을 꿈꾸며 글을 열심히 작성하던 열정치를 다시 끌어 올리고 싶다.

기존에 진행했던 인테리어 콘텐츠 주제들을 다른 방식으로 표현할 수 있는 좋은 플랫폼이 없는지 찾기 시작했다. 나의 성향에 맞는 적합한 플랫폼을 고민해 보니 역시 글을 담는 블로그 타입이 적절할 것 같았다. 좋은 콘텐츠 주제는 여러 플랫폼에서 다양한 방식으로 노출될 수 있다. 인스타그램, 네이버 블로그, 유튜브 등 보이는 모양새는 조금씩 달라도 모두 만드는 사람의 생각을 넣어 담는 것은 모두 같다.

글을 담을 수 있는 여러 플랫폼을 알아보고 긴 고민한 끝에 높은 광고 수익률 때문에 많은 블로거들로부터 사랑받고 있는 '티스토리'로 결정했다. 블로그의 확장이라는 새로운 목표가 수립되니 변화와 함께 성장할 것이 기대된다.

생각해 보니 오래전 남편을 통해 티스토리에 노출할 수 있는 광고 플랫폼인 구글 애드센스에 등록해 둔 적이 있었다. 등록해 둔 애드센스를 자세히 살펴보면서 마침내 새 블로그를 개설했다. 이제 티스토리 블로그도 광고 수익 파이프라인의 한 축을 담당할 수 있을 것 같다는 생각이 든다. 뚝딱뚝딱 파이프라인을 하나씩 설계하는 과정이 흥미롭다.

처음 블로그를 성장시켰을 때, 그때의 방식처럼 티스토리를 운영했다. 인플루언서 닉네임으로 사용 중인 부캐 '꼬미홈'을 티스토리 닉네임으로 정했다. 대문 문구도 역시 '집 꾸미며 힐링하는 꼬미홈'이다. 관리하고 있던 네이버 블로그가 있다 보니 새로운 블로그를 운영하는 것에 어려움은 없었다.

네이버 블로그에서 작성했던 주제들을 다시 천천히 읽어보며 당시 가졌던 생각을 다시 떠올려 보았다. 몇 가지 마음에 들지 않는 부분도 보이고, 어순이 맞지 않는 듯한 어색한 문장들도 보인다. 이미 네이버 블로그상에 작성했던 주제였지만 시간이 지나니 새롭게 추가하고 싶은 생각과 정보들이 많이 생겼음을 발견했다. 분명 일전에 다룬 주제임에도 할 말이 또 생겨난 것을 보니 내가 그동안 많이 성장했나 보다 싶다.

티스토리에 새로 적어 내려가는 과정에서 글의 퀄리티가 업그레이드된 것 같아 만족스럽다. 한 가지 주제가 두 플랫폼을 통해 조금씩 다른 이야기들을 내포하게 되었다. 마치 최신 개정판을 만드는 것 같다. 잘 키운 콘텐츠 주제 하나가 이렇게 여러 가지로 쓸모가 있다니. 애매한 주제의 글 10개보다 잘 키운 주제 하나가 더 도움이 되는 순간이다.

블로그의 변화와 확장을 통해 글을 쓰는 재미를 다시 느끼고 있다. 광고 수익에 대한 기대도 높아지면서 더 열심히 작성하게 되는 것도 있다. 네이버 블로그에서 티스토리 블로그로의 확장이 다시 꼬미홈을 성장시키는 순간이었다.

꼬미홈
네이버 블로그

워킹맘 꼬미홈 셀프 인테리어 이야기가 있는 공간.

꼬미홈
티스토리 블로그

애드센스 수익과 콘텐츠 노출률을 높이기 위해
네이버 블로그와 함께 관리 중인 티스토리 블로그.

> Tip

네이버 블로그와 다른 티스토리 특징 5가지

1. 티스토리 블로그는 커스터마이징 자유도가 높다
네이버에 비해 티스토리 블로그는 사용자가 직접 조작하여 블로그를 구성할 수 있는 방법이 많다. 최근 네이버도 홈페이지형 블로그가 나오고 있지만 초보자가 쉽게 이용하기에는 어려움이 있다. 이러한 어려움을 대신 해결해 주는 다양한 형태의 유료 서비스가 등장하고 있으나 돈을 내고 홈페이지를 가꾸는 방식이기에 주로 전문 블로거들만 이용하고 있다.

2. 웹페이지 소스코드를 직접 수정할 수 있다
스킨 편집 메뉴에 HTML 편집 기능을 통해 HTML, CSS를 이용하여 나만의 취향을 담아 디자인할 수 있다. 개발 프로그램을 잘 알지 못해도 조금만 공부하면 금방 적용할 수 있는 난이도이다. CSS로 간단하게 글자 크기와 컬러를 바꾸는 것 등 원하는 방식으로 소스 코드 수정을 통해 바꿔볼 수 있다.

3. 개별 도메인(URL)을 연결할 수 있다
네이버는 외부 사이트 연동을 지원하지 않는다. 반면에 티스토리는 개인 도메인 주소(xxx.com, xxx.net)를 연결하여 개별 주소를 가질 수 있다. 개인 도메인을 연결하면 구글 애드센스 승인을 조금 더 쉽게 승인받을 수 있는 장점이 있으나 개인 도메인 유지 비용(1~2만 원, 기간별 비용 상이)이 드는 부분이 있다. 전문적으로 블로그를 홈페이지처럼 운영하는 사람이라면 부담되지 않는 수준이다.

4. 나만의 웹사이트처럼 디자인을 구성할 수 있다
코드 수정을 통해 디자인을 자유롭게 바꾸고, 나만의 주소로 블로그를 관리하니 하나의 웹사이트를 개설한 듯 사용할 수 있다. 웹사이트 가지고 싶다면 티스토리에서 세상에 하나뿐인 나만의 스타일을 가진 사이트를 만들 수 있다.

5. 검색 노출률이 높다

티스토리의 경우, 초기에 애드센스 연결과 같은 진입 장벽이 높은 부분만 지나가면 상대적으로 폐쇄적인 네이버에 비해 검색 노출률이 높다. 게다가 애드센스에 하위 도메인을 모두 연결할 수 있어 광고 수익률도 자연히 높아질 수 있다. 네이버는 국내 검색엔진 포털로 높은 트래픽을 가지지만 네이버 정책상 다소 폐쇄적인 운영 방식을 가져 애드포스트 외 다양한 광고를 할 수 없어 아쉬운 점이 있다.

티스토리 블로그가 수익률이 높은 이유

블로그 수익화를 위한다면 네이버 블로그보다는 티스토리 블로그가 수익률이 높다. 그럴 수밖에 없는 이유는 **네이버보다 높은 구글의 검색 노출률**에 있다. 네이버는 이미 많은 콘텐츠가 포화되어 있는 상태이다.

블랙키위(blackkiwi.net)에서 키워드를 분석해 보면 해당 키워드의 콘텐츠 포화 지수와 월간 콘텐츠 발행량 그리고 연관 키워드 20개의 블로그 누적 발행량도 볼 수 있다. 웬만한 대표 키워드는 모두 포화 상태인 동시에 누적 발행량이 높은 것을 쉽게 확인할 수 있다. 게다가 네이버 인플루언서 제도로 인해 일반 블로거들의 글은 상위 노출이 더욱 어려워진 상황이다. 반면 티스토리는 상대적으로 노출이 쉽게 되는 편이다. 퍼스널 브랜딩을 통한 블로그보다는 광고 수익을 기대하며 올리는 정보 위주의 블로그들이 많다. 그렇다 보니 검색 결과에 쉽게, 자주 노출될 수 있고, 높은 광고 수익도 기대할 수 있다.

> **블랙키위 blackkiwi.net**
> 검색엔진 마케팅에서 가장 핵심적인 요소인 키워드 데이터를 수집 및 분석하여 인사이트를 도출하는 서비스를 제공하는 회사이다.

STAGE

부캐가
본캐 되는 그날

제2의 인생 설계 스테이지

"

정년이 보장되는 대기업을 두고 왜 세컨드 라이프를 설계하고 있는지 묻는 주변 사람들이 많았어요. 지금의 일이 싫어서 그런 것은 아니고요. 앞으로 더 하고 싶은 일들을 남은 인생에 꽉꽉 채워 담아 마음껏 즐기고 싶어서 세컨드 라이프를 설계하는 거예요~!

"

워킹맘 꼬미홈은 주말도 바쁘다

"엄마~~ 뭐 하세요~?"
"엄마 지금 글 쓰고 있어~"
"아 엄마 그거 하는구나~~ 그럼 전 아이스크림 먹을게용!"

주말 오전, 모니터 앞에 앉아있는 나에게 다가와 뭐 하는지 다정하게 물어보더니 아이스크림이 있는 냉장고로 멀어져 가는 딸. 사실은 아이스크림 먹어도 되는지 물어보고 싶어 왔다는 것을 안다. 늘 엄마, 아빠에게 마음 쓰며 챙기는 딸이기에 그녀의 작은 행동들도 마냥 귀엽다.

아이들과 함께하는 주말에도 워킹맘의 부캐는 바쁘다. 평일에는 쫓기듯 처리해야 하는 것들이 많다 보니 그나마 한결 여유로운 주말에 부캐의 일을 하게 된다. 아이들 밥을 먹이고 숙제와 공부를 봐준 뒤, 다이닝 테이블 모니터 앞에 앉아 나의 일을 시작한다. 부캐의 업무는 빼곡히 적힌 캘린더에 따라 움직인다. 주기적인 소통과 콘텐츠 공유가 필요한 인스타그램과 블로그에 글을 올리고, 협찬받은 제품의 집 스타일링 촬영을 시작한다.

바쁜 일정 같아도 부캐 업무에 많은 시간을 할애하지는 않는다. 일정을 무리하게 잡지 않고 휴식과 여유를 느낄 수 있는 시간을 확보한 뒤, 나머지 시간에 부캐의 할 일들을 채워 넣는 편이다. '집 꾸미며 힐링하는 꼬미홈'의 인생에 힐링과 어울리지 않는 상황은 만들고 싶지 않다. 행복하고 싶어서 만든 부캐이고, 그 과정에서 힐링하고 싶기에 무리하지 않는다. 회사 일을 할 때의 습관처럼 부캐의 업무도 오늘의 할 일을 하나씩 체크하며 마무리한다.

주말 일과가 마무리될 때쯤 다음 주 일정을 남편과 미리 논의한다. 회사 일과 부캐, 육아까지 잘 해내기 위해서는 일정 관리가 중요하다. 다음 주 평일에는 꼬미홈에 공간 대여 촬영 예약이 잡혀있다. 시간은 오후 2시부터 6시까지 진행될 예정이라 학교와 학원 픽업 시간에 조금 겹치게 되었다. 남편의 다음 주 업무 일정을 확인한 뒤 아이들 픽업 담당을 정하기로 했다.

재택근무 하는 날에는 현관문만 열어주면 되어 문제없지만 사무실로 출근해야 하는 날이면 예약을 받기 어려워진다. 이번에는 다행히 재택이 겹쳐있어 예약을 받을 수 있었다. 내가 집 공부방에서 회사 업무를 하는 동안 거실에서 공간 대여 촬영이 진행되기에 신경 쓸 것이 별로 없어 간편하여 좋다. 그래서 예약 요청이 오면 가능한 일정에 맞춰 진행할 수 있도록 개인 스케줄을 조정하는 편이다. 촬영 날에는 남편이 아이들 픽업을 하고 나는 집에 머물러 촬영 스탭분들을 맞이하기로 했다.

다음 주 일정을 짜고 나니 또 정신없이 흘러가는 한 주가 되겠구나 싶은 마음이 든다. 걱정보다는 분주한 요즘이 마음에 든다. 행복한 분주함은 언제든 환영이다.

본캐와 **부캐**의 활동이 이루어지는 공간

이곳에서 재택 업무가 이루어지는 동시에 부캐의 이야기가 담긴다.

워킹맘 꼬미홈은 오늘도 기록한다

**인스타그램을 운영하기 위해서는
첫째도 둘째도 중요한 것이 기록이다.**

기록하지 않으면 아무 일도 일어나지 않는다. 사진 또는 동영상을 가지고 인스타그램 피드에 올리며 취향이 닮은 사람들과 대화하고 소통하는 것은 중요하다. 계정을 활성화하는 동시에 나의 행복 수치도 올릴 수 있으며 그 기록은 모이고 모여 나의 추억의 조각들이 되어준다.

워킹맘 꼬미홈은 오늘도 기록한다. 바쁜 일상이지만 가족의 행복이 주객전도되지 않기 위해 애쓰며 일상의 예쁜 순간을 소중하게 담아본다.

꼬미홈을 운영하며 생긴 좋은 습관은 아이들의 예쁜 일상의 순간도 자주 포착하여 담아두려고 한다는 점이다. 집 꾸미기 계정을 운영하기 전만 해도 아이들 사진을 자주 담지 못했다. 아이들이 어렸을 때는 작은 순간도 놓치지 않으려 온갖 자잘한 일상의 순간이 담긴 사진으로 가득했었는데…. 어느 순간 아이들과 함께하는 평일 오전, 오후 시간이 사라지면서 사진첩에 사진이 별로 없음을 발견했다. 이제는 그렇지 않다. 거실 소파와 테이블이 있는 공간에 캔버스 그림을 예쁘게 걸고 새로 바꾼 쿠션으로 스타일링을 해두면 아이들이 달려와 소파에 앉아 새 쿠션을 품에 안아 쓰다듬는다. 그 모습이 예뻐서 사진에 담아본다.

자주는 아니지만 아이들을 담아둔 사진 중 예쁜 일상 컷은 집 인테리어 모습과 함께 인스타그램에 업로드하기도 한다. 스크롤을 내려 지난 인테리어 기록들을 보면 웃음 가득한 아이들의 사랑스러운 모습이 조금씩 담겨있다. 이 기록은 추억의 조각이 되어 시간이 지나고 보았을 때 그 순간을 떠올리게 해주고, 또 조금 더 작았을 때의 우리 아이들 모습을 예쁘게 기억할 수 있게 해준다.

대기업 디자이너가 세컨드 라이프를 준비하는 이유

"지금 수입도 괜찮은데 부수입을 만드는 노력을 뭐 하러 해?"
"회사 안은 전쟁터라지만 회사 밖은 지옥이래."
"나가면 고생이야."
"안정된 직장에서 그냥 계속 다니는 게 낫지 않나?"

괜찮은 연봉에 정년이 보장되는 안정된 직장을 다니면서 세컨드 라이프를 준비하는 이유를 묻는 사람들이 있다. 조용히 취미 생활을 즐기며 10년, 20년 뒤를 위한 세컨드 라이프를 그리니 주변 친구들이 정년이 보장되는 지금 직장을 계속 다니다가 나중에 생각해 봐도 되지 않냐며 묻는다. 물론 그것도 맞는 말이다. 이 회사가 평생직장이 될 만큼 나에게 맞다는 전제하에….

지금 하고 있는 일은 너무 좋지만, 10년 뒤에도 이 일을 하고 싶지는 않다. 10년 뒤에는 지금의 경험과 지혜를 살려 조금 더 흥미롭고 매력적인 일을 하는 '사용자 경험 디자이너'가 되고 싶다. 부캐 '꼬미홈'이 그 시작점이 되어주어 고맙다. 변화와 성장을 경험하는 과정에서 나의 꿈은 조금씩 변할 것이다. 시대와 상황, 트렌드에 맞춰 변화되어야 하는 것이 맞다. 행복한 취미 생활이 나를 행복한 다음 스테이지로 이끌어줄 것이라고 믿는다.

회사는 나를 위해 존재하는 곳이 아니라는 것을 명심해야 한다. 회사와 나는 서로를 위해 일하는 것이 아니라 회사는 회사의 이익을 위해 일을 하고, 나도 나의 이익을 위해 회사에 시간과 체력을 투자하며 일한다. 회사에서 주는 밥이 맛있고, 사내 헬스장도 너무 좋고, 매달 받는 달콤한 월급도 너무 좋지만 안정된 울타리에 있다고 자기 계발을 게을리하며 안주해서는 안 된다.

세컨드 라이프는 회사와 나를 분리하는 것부터 시작해야 한다. 회사의 성장을 나의 성장으로 착각하면 안 된다. 객관적으로 나를 평가하고 개인의 성장을 위해 노력해야 한다. 이를 게을리하면 어느새 도태되어 있는 나 자신을 발견할지도 모른다. 아무것도 하지 않는 지금의 삶이 행복하다면 잠시 쉬어 간다고 생각해도 좋다. 하지만 그런 일상이 반복된다면 10년, 20년 후에 어떤 삶을 살고 있을지 알 수 없다. 개인의 성장을 통해 자신의 가치를 높이는 것이 중요하다. 나를 브랜딩하면 새로운 기회가 생기고 더 큰 소득이 따라오게 된다.

꼭 세컨드 라이프를 준비하여 퇴사하는 것만이 인생의 정답은 아니다. 나의 성향과 주어진 상황에 맞는 방식을 따르는 것이 좋다. 회사에서 받는 연봉을 높여 더욱 활기찬 회사 생활을 하는 것도 좋은 방향이다. 그렇게 본캐 라이프를 즐기는 동시에 퍼스널 브랜딩을 통한 부캐로 자신만의 취미 생활까지 할 수 있다면 더욱 행복한 인생의 스테이지가 될 것이다.

안방 벽면
셀프페인팅
비포&애프터

그레이 컬러 벽면을 더스티 아이보리 컬러로 바꿨다.
아이들이 없는 틈에 2시간 정도 걸려서 완성했다.
페인팅하기 전과 후의 기록을 남겨두니 또 하나의 콘텐츠가 만들어졌다.

> Tip

본캐 직장인의 삶에서 배운 지혜

인생 처음 경험하게 되는 첫 번째 라이프는 세컨드 라이프 설계에 적지 않은 영향을 준다. 성인이 되어 겪는 첫 번째 라이프는 여러 의미에서 중요하다. 우리가 경험했던 혹은 경험하고 있는 다양한 형태의 회사 생활은 **다음 스텝을 위한 커리어가 될 뿐만 아니라 세컨드 라이프를 위한 기초 체력이 된다**.
세컨드 라이프에서의 기초 체력이란 이러한 것들이다. 어떻게 하면 열 번 실패해도 열한 번째에 다시 도전할 수 있는 끈기를 가지는지, 어떻게 하면 좋은 태도와 건강한 자세로 일에 임할 수 있는지, 어떻게 하면 지혜롭고 논리적으로 상대방을 설득할 수 있는지, 낯선 사람들과 협업하기 위해서는 어떻게 생각하고 행동해야 하는지, 복잡한 조직 구조 안에서 유려한 업무 커뮤니케이션은 어떻게 해야 하는지 등 회사 생활을 통해 직접 경험하고 느끼면서 알게 모르게 배우게 되는 값진 지혜들이 있다. 모두 직접 부딪히며 경험하고 느껴야 깨달을 수 있는 자산이다.

대기업에서 일을 하다 보면 대부분의 커뮤니케이션은 원활히 흘러가고, 일의 과정과 결과 또한 훌륭한 편이다. 그리고 좋은 결과는 기업 외적으로도 큰 성과로 이어지는 경우가 많다. 이러한 아름다운 일의 흐름이 단순히 회사의 규모가 커서 가능했던 걸까? 그렇지 않다. <u>내가 경험한 회사는 이러한 성과를 이루기에 충분한 이유를 갖고 있다.</u>
일이 시작되면 업무 프로젝트 설계를 위한 사전 계획이 꼼꼼하게 진행된다. 방대한 사전 조사를 통해 예측할 수 있는 업계의 근황과 니즈를 파악해 보고 폭넓은 접근을 통해 다양한 시안을 도출한다. 업무에서 빠질 수 없는 의사 결정 프로세스는 활발한 의견 교류를 통해 탄탄하게 진행된다. 니즈에 맞는 정확한 결과물을 빠른 스피드로 기한 엄수하여 도출해 내고, 일의 마무리 또한 꼼꼼하다. 마치 MBTI 성격유형검사 계획형 'J'만 모인 것처럼 체계적이고 철저하게 진행된다. 역할 분배는 분명하고, 각 부서가 맡은 역할에 최선을 다하고 협력한다. 가까이서 긴 세월 경험해 보면 큰 기업에서 배울 점이 정말 많음을 느낀다. 이 큰 조직이 움직이는 데 큰 비용과 노력이 들어감에도 전혀 둔하지 않고 민첩하고 꼼꼼하게 또 센스 있게 일이 진행된다.

회사 생활을 통해 경험한 지혜가 모두 가치 있었지만, 그중 가장 많이 배웠고, 지금도 배우고 있는 것은 바로 **멈추지 않는 '자기 계발'**이다. 20대부터 50대까지 다양한 연령대에 다양한 성향의 사람들이 모인 회사를 가만히 보면 어느 한 분도 자기 계발을 소홀히 하는 사람이 없다. 건강이 약하다면 운동을 게을리하지 않고, 요즘 나오는 S/W 툴이 어렵다면 따로 학원을 등록하여 공부한다. 외국어가 부족하다고 느끼면 1:1 과외 선생님을 섭외하여 회사 근처 카페에서 스피킹 연습을 한다. 일에 최선을 다하면서 나만의 힐링 시간을 위한 취미 생활도 게을리하지 않는다. 골프, 방송 댄스, 그림, 도자기, 공예 등 남은 시간을 의미 있게 채우려 노력한다.

회사 지인들을 만나면 서로 새롭게 도전하고 있는 것에 관해 얘기하는 것이 일상이다. 요즘 어떻게 지내냐는 질문이 떨어지기 무섭게 서로 올해의 목표를 이야기한다. 요즘 마음의 수양을 위해 템플 스테이를 시작해서 아침마다 절에서 회사로 출근한다는 A 동생, 개발자분들과 원활한 협업을 위해 코딩 공부를 시작했다는 B 친구, 그림 그리기를 좋아해서 웹툰을 그리기 시작했다는 C 언니, 다도를 좋아하다 보니 집에서 차 공부를 시작했다는 D 언니, 춤이 좋아 뮤지컬 수업을 시작했다는 E 동생, 바디 프로필을 찍고 건강한 몸을 갖겠다며 운동 중인 멋진 F 언니까지…. 새로운 도전거리를 찾으며 일 벌이는 나의 삶도 조용한 편이 아닌데 어째 이 사람들은 더하다. 오히려 나는 너무 소극적이고 정적인 느낌마저 든다.
회사 사람들을 만나면 에너지를 얻는다. 요즘 나온 최신 기술은 무엇인지 요즘 인기 많은 직장인의 취미 생활이 무엇인지 모두 파악할 수 있다. 주변 사람들 이야기를 듣다 보면, 나도 다시 에너지 넘치는 하루를 시작하게 된다. 오랜 기간 회사를 다니면서 만난 나의 인연들은 모두 뜨거운 열정이 가득한 사람들이다.

세컨드 라이프 설계를 위해 첫 번째 인생에서 배우고 있는 가치 있는 지혜들을 기억하자. 지치지 않는 자기 계발을 하는 뜨거운 열정을 가슴에 품자. 앞으로 삶을 살아가면서 겪을 모든 것에 든든한 기초 체력이 되어줄 것이라고 확신한다.

대기업을 다니며 배운 지혜

꼼꼼한 사전 계획	확실한 역할 분배	끊임없는 감성 계발
방대한 양의 자료 조사	유관 부서와의 호흡	체력 관리
깊이 있는 분석	민첩한 대응	건강한 식습관
폭넓은 접근	센스 있는 진행	여유로운 마음
다양한 시안	마감 기일 엄수	열린 시각
활발한 의견 교류	꼼꼼한 마무리	매사에 진지한 태도
탄탄한 진행	부지런한 자기 계발	지치지 않는 열정
정확한 결과물	강한 집중력	즐거운 마음
책임감 있는 자세	다양성을 존중하는 자세	성실한 자세
체계적이고 철저한 프로세스		

대학원생이 된 워킹맘

디자인을 전공하고 대기업 비주얼 디자이너로
오랫동안 다양한 경험치를 쌓았다.

그러던 중 좀 더 연구하고 싶은 학문이 생겨 디자인 대학원에 진학하게 되었다. 긴 고민과 준비 끝에 육아와 일 그리고 공부를 함께하는 도전을 하기로 했다.

오래전부터 공부를 더 하고 싶다는 생각을 했지만 그때는 사원 시절이라 목표 없이 열정만 가득했던 시기였다. 정확히 어떤 분야를 어떻게 공부하여 성장하고 싶은지 분명한 목표점이 없었다. 그래서 학교를 가는 대신 직장인 스터디와 외부 세미나를 통해 배움의 갈증을 해소하기도 했다.

그리고 어느덧 10년이 지났다. 한 분야에서 긴 세월 일을 하다 보니 자연스럽게 전문성이 쌓였다. 동시에 부캐를 통해 세컨드 라이프에 대한 계획이 생기니 대학원에 진학하여 연구하고 싶은 것들이 분명해졌다. 물리적 공간 속에서의 사용자 경험을 디자인하는 것이 흥미롭다. 다양한 사례 분석을 통해 사용자 경험 디자인을 깊이 연구하고 싶다는 목표가 생겼다. 그 과정에서 지금 꿈꾸고 있는 꼬미홈의 세컨드 라이프를 위한 전문성을 확보하길 원한다.

'아직 아이들이 어린데 괜찮을까. 회사와 육아를 병행하는 것만 해도 쉽지 않은데 공부까지 잘 해낼 수 있을까…?' 물론 현실적으로 워킹맘이 학교 공부와 일을 병행한다는 건 무리일 수 있다. 하지만 일하는 엄마라는 이유로 결정과 실행을 미루기엔 인생이 그리 길지 않다. 게다가 모든 것은 타이밍이다. 모든 조건이 완벽한 상황은 애초에 없다. 나중에 비슷한 상황이 온다고 해도 그때 나의 체력과 에너지가 지금과 같다고 보장할 수 없다.

아이를 낳고 기르는 과정에서 단 한 번도 여유로운 시기는 없었다. 돌이 되며 걷기 시작하니 아픈 일이 잦아졌고, 두 돌 때도 마찬가지였다. 어린이집을 다니기 시작하면서 새로운 환경에 놓인 두 아이와 엄마 아빠는 다시 새 환경에 적응을 해야 했다. 세 돌이 되었을 때는 여유가 생겼으나 일과 육아를 병행하는 과정에서 몸이 약해져 잔병치레가 많았다. 그렇게 또 몇 해가 흐르고 해마다 새로운 육아 미션이 시작된다. 앞으로도 계속 비슷할 것이다.

아이의 인생에서 가장 중요한 영유아 시기에 엄마, 아빠도 회사에서 제일 빛나는 시기를 보내고 있다. 나는 타이밍을 놓치지 않기로 했다. 조금 힘들지라도 변화와 성장에 다시 도전하기로 했다. 도전하기로 마음을 정하고 일, 육아, 공부를 무사히 병행할 수 있는 계획을 짜기 시작했다. 아이들 공부와 양육을 위한 최소한의 장치를 만들기로 했다.

배움과 도전 앞에 늦은 나이는 없다

"나이 들어서 이게 뭐 하는 짓인지 모르겠어~"
"이번에 떨어지면 그냥 그만하려고~ 나이 먹어서 주책이지 뭐."

대학원 면접 날, 여자 화장실에 가니 나이가 지긋해 보이시는 50대 초반 정도의 여성 두 분이 이야기를 나누고 있다. 푸념 섞인 두 분의 대화를 가만히 들어보니 다 늙어서 공부하겠다고 학교 온 본인들이 많이 민망하다고 느끼시는 것 같다. 면접 대기실에서 못 봤던 것을 보면 디자인 대학원 안에 다른 전공 지원생인가 보다.

왜 고작 나이 때문에 자신감을 잃으신 걸까. 건강하고 배우고자 하는 마음만 있다면 늦은 나이란 없는데…. 젊은 사람들이 많이 보이는 대학원 건물에 한눈에 봐도 수험생 어머니로 보이는 분들이 보여 눈길이 가긴 했다. 근데 그게 뭐…. 내가 등록금 내주는 것도 아닌데 그들의 앞날에 왈가왈부할 것은 없다. 오히려 멋져 보이기까지 했다. 어떤 좋은 삶을 살아오셨길래 이렇게 다시 도전을 하시는 걸까. 궁금하고 응원하는 마음이 들었다.

짧은 순간이었지만 두 분의 이야기를 들으니 지금 하고 있는 나의 도전도 늦지 않았다는 생각이 든다. 아직 마흔 살도 안 됐으면서 두 아이를 키우며 너무 늦은 나이는 아닐까 생각했던 과거의 내 모습이 부끄러워진다. 긴 고민 끝에 이 자리에 있는 내가 자랑스러웠다. 배움과 도전 앞에 늦은 나이는 없다. 두 아이를 키우며 결혼한 지 10년이 다 되어가는 아줌마인 나는 다시 학생 때와 같은 열정으로 꿈을 꾸려고 한다. 앞으로 10년, 20년, 30년 뒤에도 무언가를 하며 한창 경제활동과 사회생활을 하며 살아갈 텐데 지금 하는 공부가 늦었다고 생각하지 않는다. 새로운 배움과 경험을 통해 조금 더 성장해 있을 모습을 그리며 남은 면접도 최선을 다했다.

늦가을이 넘어가고 추위가 찾아오며 전기 대학원 입학을 준비하는 사람들이 합격 결과를 기다리고 있다. 그렇게 몇 주 뒤 지루했던 시간이 지나고 지원했던 두 대학원 모두 합격했다는 소식을 받았다. 새롭게 펼쳐질 변화 앞에 다시 두근두근한 마음이 든다. 두 대학원 중 입학 장학금을 받을 수 있는 학교 대신 평소 관심 있던 수업이 있는 학교로 가기로 정했다.

나는 그렇게 다시 학생이 되었다. 지금의 선택이 5년 뒤, 10년 뒤 나의 세컨드 라이프에 어떠한 영향을 주게 될까. 일, 가정, 공부 모두 잘 해내며 행복한 가정 안에서 꿈을 꾸는 열정적인 엄마가 되고 싶다. 나는 역시 욕심 많은 엄마이니까.

새로운 **변화가** 자주 일어나는 꼬미홈 거실

유쾌한 세컨드 라이프가 시작되는 공간이다.
구조도 바꾸고, 새로운 소품도 추가하며 가족 라이프 사이클에 맞추어 자주 변화한다.

매일 **시끌벅적** 분주한 다이닝 공간

좋아하는 것, 잘하는 것으로 세컨드 라이프를 준비한다.

행복한
워킹맘 워킹대디

"

아이가 저와 같은 사람으로 자라고 싶다는 말을 했을 때 정말 뭉클했어요. 그동안의 워킹맘 시간을 다 보상받는 기분이 들더라고요. 이런 예쁜 아이들이 저희 부부에게 와주어 너무 고마워요. 인생에서 가장 중요한 것이 무엇인지, 또 앞으로 어떻게 사는 것이 행복한 삶인지를 깨닫게 해준 고마운 존재들이거든요.

"

부모는 강하지만 아이들은 더 강하다

"힘들겠지만 이번에 회사 복직하려고~!"

셋째를 낳은 지인이 이번에 회사 복직을 준비한다. 그녀는 다시 하고 싶은 일을 하기 위해 회사로 돌아가는 큰 결심을 했다. 회사와 세 아이의 육아를 병행하는 것이 쉽지 않겠지만 잘 해낼 것이라 믿는다. 엄마도 아빠도 인생의 가장 중요한 시기를 살고 있는 지금. 멈추어 서기엔 너무 아깝다. 그녀의 성공적인 복직이 이루어지길 바라며 앞으로 있을 나의 길도 가만히 생각해 본다.

아이 셋 워킹맘에 비할 수 있겠냐마는 연년생 남매를 둔 나도 일과 육아를 병행하는 것이 쉽지는 않다. 1살 차이 나는 아이들이다 보니 아이가 한 명 있는 집보다 2배씩 힘든 경우가 많다. 어린이집과 유치원 시기를 잘 보내왔지만 이제 둘째의 초등학교 관문이 남았다.
아이가 한 명이라면, 학교 입학하는 해만 잘 챙겨주면 2학년부터는 아이 스스로 할 수 있는 것들이 많아 마음을 조금 놓을 수 있다. 그러나 연년생은 한 명이 익숙해질 때쯤 다른 한 명은 새로운 경험을 하게 되어 작년 한 해 동안 했던 과정을 다시 겪는다. 첫째가 초등학교 입학을 하면 둘째가 예비 초등학생이 되고, 첫째가 2학년이 되면 둘째가

1학년이 된다. 둘째가 적응을 잘할 수 있도록 다시 곁에서 도와야 한다. 물론 1학년 때부터 학교와 학원 스케줄을 알아서 잘 다니게 하며 강하게 키우는 부모님들도 있지만 대부분 안전을 위해 어른이 동행하며 지켜봐 주는 경우가 많다.

아이를 가까이서 봐주고 싶은데 하필 둘째가 1학년이 되는 시기에 우리 부부 모두 회사 사무실로 출근하게 될 것 같아 걱정이 많다. 재택이라도 가능하면 아이 픽업 시간에 맞춰 잠시 다녀오기도 하고, 집에 오면 간식도 챙겨줄 수 있을 텐데….

어느 평일이었다. 여느 때와 다름없이 아이들과 식사하며 따뜻한 저녁을 보내고 있었다. 이런저런 대화를 하는 중에 남편이 아이들에게 앞으로 있을 변화를 설명하며 고민을 꺼냈다.

"내년에 아빠가 집에서 일을 못 하고, 회사에 나가야 할지도 몰라~ 엄마도 회사에 계셔서…. 유정이, 유준이가 학교에서 학원까지 잘 다녀야겠는데~"

"그럼 엄마 아빠 다 바빠서 우리가 알아서 다녀야 해요~?"

"아침에는 데려다줄 텐데 학교 끝나고 교문 앞에서 학원 차를 탈 때는 스스로 가는 날도 생길 것 같아~ 잘할 수 있도록 엄마 아빠가 알려줄게~"

"그럼 제가 학교 수업 끝나고 유준이 데리고 도서관에 있다가 학원 차 타러 갈게요~! 괜찮아요! 요즘 엄마가 알려준 거기서 학원 버스 타는 거죠~? 몇 번 해봐서 이제 괜찮아요! 금요일에는 친구랑 도서관에서 만나기로 했으니까 제가 유준이를 데리고 도서관에 가 있을게요~!"

가만히 대화를 듣고 있던 둘째가 말을 거든다.

"저도 누나 만나서 갈게요! (자기 이름을 말하며) 누나 유준이 잘 챙겨줘~"

가만 보면 어른보다 아이들이 더 강한 것 같다. 걱정하던 엄마 아빠의 마음을 눈치챈 첫째가 너무 걱정하지 말라며, 자기가 할 수 있는 방법들을 제시하며 우리를 안심시킨다. 아이들이 엄마 아빠와 함께 대화를 나누며 앞으로의 계획을 짤 수 있을 만큼 성장한 것 같아 든든하다.

앞으로 있을 변화를 대비하여 아이들이 잘 적응할 수 있도록 조금씩 연습했던 날들이 있었다. 일부러 학교 끝나고 도서관에서 책을 읽게 한 뒤, 학원 버스 시간에 맞춰 학교 앞 정류장으로 나오게 하여 만난 적도 있고, 조금씩 집까지 걸어와 볼 수 있도록 뒤에서 몰래 지켜보며 연습시킨 적도 있었다. 도서관을 나와 정류장까지 오는 길도 주말에 미리 함께 가서 걸어보기도 했다. 짧은 거리지만 아이들에게는 낯설고 어렵게 느껴질 수 있기에 미리 경험할 수 있도록 시간을 충분히 가졌다. 이 작은 아이들이 잘 해낼 수 있을까 걱정만 되는데 아이들은 씩씩하기만 하다. 두려운 마음도 있지만 잘 해낼 수 있으니 걱정 말라는 마음이 느껴진다.

어려서 아무것도 모를 것 같아도 아이들은 부모님의 마음을 잘 알고 있다. 사랑과 애정을 담아 자신들을 지켜주고 건강하게 잘 크고 성장할 수 있도록 돌봐준다는 것을 알고 있고, 그런 와중에 엄마 아빠가

하고 싶은 일들을 해야 해서 바쁘다는 것도 알고 있다. 엄마가 디자인 일을 하고 집 꾸미기와 책 쓰기를 좋아한다는 것을 알고 있고, 아빠가 방에서 영어로 외국인과 일하는 것도 많이 봤기에 어떻게 일을 하는지 얼마나 바쁜지도 눈치껏 알고 있다. 바쁘게 일을 마친 뒤에는 자신들을 위해 매일 저녁 다리를 주물러주는 사랑의 마음도 알고 있다.

걱정과 두려운 마음이 아이들과의 대화를 통해 조금씩 사라진다. 어느새 부쩍 자란 아이들로부터 위로와 용기를 받고 지혜를 얻고 있다. 넷이 함께한다면 생각보다 잘 해낼 수 있을 것 같다. 맞벌이 부부는 그렇게 오늘도 힘을 내어본다.

> Tip

워킹맘을 위한 육아 대책 5가지

1. 등/하교 습관 만들기
일어나서 씻고 양치하기, 옷 스스로 선택하여 입기, 하교하고 책가방 정리하기, 외투 잘 걸어두기 등…. 등교를 준비하는 과정과 하교 후, 집으로 돌아왔을 때 일어나는 상황을 습관화하여 스스로 할 수 있도록 연습시킨다. 특히 아침에는 워킹맘, 워킹대디도 너무 바쁘다. 모두 분주히 준비하기에 아이가 준비할 것을 다 챙겨줄 수 없다. 나는 일어나서 아이들 먹을 것만 차려두고 바로 출근 준비를 한다. 옷을 입고 화장을 하고 모든 준비를 다 끝내서 나오면 아이들도 모든 준비가 다 되어있다. 아이들이 어설프게 상하의 컬러를 매칭하여 입었어도 아주 못 볼 정도만 아니라면 아무 말 않고 다 같이 집을 나선다.

2. 스스로 공부하는 방법 알려주기
숙제와 준비물은 선생님께서 학교 모바일 알림장에 올려주시기 때문에 부모님까지 놓치게 되는 일은 잘 없다. 다만 학원 숙제가 문제다. 일하는 엄마는 학원 숙제의 진도와 아이의 학업 성취 정도를 깊이 관여하기 벅찬 부분이 있다. 그렇기에 학원 시스템을 잘 기억해 두고, 아이에게 스스로 학습할 수 있는 연습을 시키는 것이 중요하다. 매주 수요일 영어 단어 시험이 있다면 학원을 다녀온 다음 날에는 꼭 스스로 단어 공부를 할 수 있도록 했다. 영어 단어를 공부하고 셀프 테스트를 해보는 방법도 알려주었다. 혼자 공부하는 방식을 터득하고 나니 공부에 대한 스트레스도 줄어든 것 같아 여러모로 만족하고 있다.

3. 학교생활과 교우 관계에 도움되는 책 읽기
미리 학교생활에서 일어날 일들을 학습하여 아이가 수월하게 적응할 수 있도록 한다. 저학년 학교생활을 위한 필독서 책을 빌려 아이들과 함께 읽는다. 학교 시스템과 수업에 관해 설명해주는 책도 좋지만 이왕이면 사이좋은 친구 관계를 위한 책을 아이와 함께 읽어보는 것을 추천한다. 학교 시스템은 선생님이

두 번 세 번 설명해 주시지만 교우 관계는 바로 실전이다. 놀이터에 가면 친구들도 사귀고 즐거운 추억도 쌓으며 많은 것을 배울 수 있는데, 회사에 있는 엄마는 하굣길에 함께 놀이터로 가줄 수 없다. 친구들 틈에서 지혜롭고 행복한 학교생활을 보낼 수 있도록 다양한 사례를 통해 알려줘야 한다. 유치원 때와 다르게 초등학생이 되면 감정 표현에 더욱 솔직해지기에 아이 성향에 따라 예상 못 한 힘든 일들이 생길 수 있다. 친구를 사귀는 방법, 좋은 친구가 되어주는 방법, 나를 힘들게 하는 친구를 지혜롭게 대처하는 방법 등 아이가 곤란할 수 있는 부분들에 대한 해결 방법을 책을 통해 미리 알려주는 것이 좋다. 아이가 행복한 학교생활을 해야 부모도 안심할 수 있다.

4. 돌봄교실/방과 후 수업/학원 세팅하기

저학년은 학교 정규 수업 시간이 너무 짧다. 점심을 먹고 12시 30분에 끝나는 날이 주 2회나 되고, 그나마 5교시 수업이 있는 날이 있어도 2시면 끝난다. 돌봄교실과 방과 후 수업 그리고 학원을 통해 하교 후 일정을 짜두었다. 아이는 하교 후 유익하고 즐거운 시간을 안전하게 보낼 수 있고, 부모도 일에 집중할 시간을 벌 수 있다.

5. 사랑하는 마음을 무한히 알려주기

아침부터 헤어진 우리 가족은 저녁이 되어서야 모인다. 하교 후 오후부터 함께해 주면 좋겠다만 일하는 엄마는 그렇게 해줄 수 없어 마음이 무겁다. 대신 엄마와 아빠가 사랑하고 아끼는 마음을 차고 넘치도록 표현해 주기로 한다. 꼭 긴 시간을 함께 보내지 않더라도 아이는 부모의 마음을 받아 안정되고 행복한 하루를 보낼 수 있다. 아이들과 오늘 하루 있었던 일들을 이야기 나누는 시간을 갖는다. 몸은 떨어져 있지만 어쩐지 더 애틋하고 끈끈해졌다.

엄마가 공부하는 모습을 본 아이들이 변화하기 시작했다. 다이닝 테이블 위에서 집중하여 무언가를 하고 있으면 하나둘 옆으로 모인다. 먼저 아빠가 책을 들고 오고, 그다음엔 유정이가 온다. 그리고 심심해진 유준이까지 다이닝 테이

블로 모인다. 스스로 공부할 것을 가져다 하는 모습이 보이니 대학원에 진학하길 잘했다는 생각이 든다.

이 책을 쓰고 있는 모습을 봤을 때도 그랬다. 유정이가 1학년 때는 글밥이 많은 책 읽기를 두려워했는데, 글자가 많은 엄마의 책을 보더니 얼른 읽고 싶은 마음에 열심히 책 읽기를 연습한다. 이제 제법 글자가 많은 책도 곧잘 읽어 내려간다. 뭐든 최선을 다하려고 하는 유정이의 그 마음이 너무 예쁘다.

거실 테이블에서
우리 가족 **다과** 시간

오동통한 유준이 팔이 아이스초코라테를 향해 뻗어있다.
엄마는 디카페인 아이스아메리카노, 아빠는 캐러멜마키아토, 유 남매는 초코라테.
오고 가는 대화 속에 나보다 삼십 년 어린 아이들에게서 지혜를 배울 때가 있다.
아이들과 함께하는 시간은 언제나 행복하다.

엄마 같은 사람이 될래요

"엄마!! 나 ○○○(엄마 이름)처럼 자랄래요!"
"응?! 갑자기? 엄마는 왜. ㅎㅎㅎ"
"엄마처럼 클래요! 엄마는 친절하고 친구 같고 예쁘고 착하고…."
(계속 더 듣고 싶어서 가만히 이유를 들어본다.)

학교 수업을 끝내고 집으로 돌아온 오후, 아이들과 다이닝 테이블에 앉아 간식을 먹으며 이야기 나누는데 대뜸 나의 이름을 큰 소리로 말하며 나와 같은 사람으로 크겠다고 하는 딸. 순간 어찌나 심쿵하던지…. 이런 묘한 기분은 처음이다. 기분이 좋으면서도 떨리고 뭉클하고 고맙다. 말도 잘 못하던 애가 옹알이를 하고 말을 하기 시작하더니 어린이집을 겪고 유치원을 지나 초등학생이 되었다. 어느덧 이렇게 훌쩍 자란 딸에게서 이런 말을 듣는 순간이 오다니…. 아이는 그냥 순수하게 솔직한 생각을 담백하게 말했을 뿐이지만 듣는 엄마는 온갖 장면들이 머릿속에서 파노라마로 펼쳐지며 지나간다. '인생은 참 재밌고 소중한 거구나…. 키우느라 참 힘들었는데 기특하고 고맙네.' 엄마 미소가 지어진다. '그래! 엄마처럼 행복한 사람이 되렴~!'

아이가 얼마나 깊이 생각하고 말했는지는 모르겠지만 먼 훗날 딸이 나와 비슷하게 행복한 삶을 살면 정말 좋겠다고 생각한 적이 있다. 남편에게도 이런 생각을 말한 적이 있었는데 정말 진심으로 그런 생각을 했었다.

나와 비슷한 삶이라 하면 이런 것이다. 자기 자신을 믿고 사랑하며 낯선 문제 앞에서도 지혜롭게 헤쳐나갈 수 있는 용기가 있는 그런 것. 계절이 변해가는 풍경에 아름다움을 느끼고 좋은 가족과 지인들이 있음에 감사함을 느끼며 살아가는 것. 그런 여유로운 마음과 예쁜 마음씨를 가지고 살아가면 좋겠다. 작은 것에도 감사함을 느끼고 넘치는 사랑을 받으면 나눌 줄도 아는 아이들이 되었으면 좋겠다.

완벽한 삶은 아니지만 행복한 삶이다. 주어진 환경이 좋든 바쁘든 그런 것은 중요하지 않다. 중요한 것은 나 자신이니까.

잘 넘어지는 연습을 하자

**이 책을 읽고 있는 분들이라면
인생은 참 재미있고 예측하기 어렵다는 것에 동의할 것이다.**

더 이상 내가 원하는 대로 부모님이 예쁘게 길을 터주던 어린 시절이 아니다. 어른이 되니 알아서 자갈길, 논길, 흙길, 물길을 스스로의 힘으로 씩씩하게 나아가야 한다. 넘어져서 생긴 상처도 알아서 밴드를 찾아 붙이기도 하고 흙탕물이 튀면 탁탁 털어내며 앞으로 나아가야 한다.

어른이 되면 하고 싶은 것을 자유롭게 하고 멋진 커리어 우먼이 되어 돈도 벌고 먹고 싶은 것도 실컷 먹으며 지낼 줄 알았지만, 현실은 그렇지 않았다. 결혼하니 집안일도 해야 하고, 아이를 낳으니 아프지 않게 보살피고 친구 관계도 원만하도록 인성이 바르게 잘 키워야 한다. 물론 그러는 과정에서 나 자신도 잘 챙기면서 성장해야 한다.

이번에 몸이 아프면서 실패와 좌절에 대해 대응하는 적절한 방법을 잘 모르고 있음을 느꼈다. 삶이 내 뜻대로 되지 않는 경우도 많고, 노력한 만큼 알아주지 않아 속상한 일도 많은 것이 인생이다. 그때마다 나를 탓할 수도 없고 세상을 탓할 수도 없다.

어른도 잘 넘어지는 연습이 필요하다. 유년기 시절, 떼써도 안 되는 것이 있음을 겪으며 포기와 인내를 배웠던 것처럼 어른도 실패와 좌절에 대한 대응 방법 공부가 필요하다. 어른이 되어서 겪는 좌절감은 좀 더 깊고, 어둡고, 무겁다. 어떻게 이 감정을 잘 컨트롤해야 할까, 어떻게 하면 넘어지고 피가 나도 다시 툭툭 털고 힘을 낼 수 있을까.

인생의 고비를 다양한 방식으로 이겨내려 했지만, 쉽사리 되지 않았다. 혼자서 멍하니 생각하는 시간을 가져보니 마음이 더 무거워졌다. 주변 사람들과 대화를 통해 위로받는 방법도 좋았으나 어쩐지 내 마음이 동할 정도로 닿지 않았다. 오히려 힘든 일을 설명하는 과정에서 힘들었던 감정이 더욱 구체적으로 번져가는 것 같았다.

인생의 낙법을 공부해 보자. 시행착오를 겪으며 터득한 나만의 낙법은 가지치기이다. 생각은 생각을 낳아 자칫 일어나지도 않은 먼 미래의 일과 안 좋은 상상까지 끌어오게 된다. 이때 머릿속 생각을 가지치기해 보자. 쓸데없는 생각들은 가지치기하면 된다. 머릿속에서 정리하는 것이 어렵다면 종이에 적으면서 하는 것도 좋다. '괜한 걱정을 하는 건 아닐까', '상상인가 실제 일어난 일인가', '지금 결정할 수 있는 것인가'. 스스로 물어보고 지금 하지 않아도 될 걱정과 슬픈 감정은 가지치기로 정리해 버린다. 그리고 생각을 멈추고 움직이자. 지금 할 수 있는 것에 최선을 다해보자. 잘 넘어지는 연습을 해서 넘어지는 것을 두려워하지 않는 어른이 되자.

숨 고르기가 필요한 때

**일하랴 아이 키우랴 정신없이 바빴던 일상을
잠시 멈추고 숨 고르기를 해보자.**

인생은 장기 레이스인데 이렇게 벌써부터 힘껏 달려 나가기만 한다면 중간 지점에 가기도 전에 지칠 것이다. 인생에 큰 장애물 같은 힘든 일이 생긴 뒤에야 멈추지 말고 일상 속에서 틈틈이 스스로 쉬어갈 수 있는 멈춤이 필요하다. 휴식도 계획을 짜는 지나친 계획형, 완벽형은 좋지 않다.

일상의 여유를 갉아먹는 나쁜 습관이 있다면 이제는 조금 바꿔보자. 계획적인 삶도 좋지만 때론 무계획도 계획이 될 수 있다. 아무런 성과가 없는 하루를 보낼 수도 있고, 특별하지만은 않은 날들을 보낼 수도 있다. 평범한 하루들이 있기에 특별한 하루도 존재할 수 있는 것이다.

바쁜 일상에 쫓기고 있다면 내가 원하는 것을 한 스푼 넣고 루틴을 만들어 그 흐름을 타보자. 일상은 원래 반복되기 마련이다. 매번 새롭다면 그것 또한 불안정하고 피곤할지도 모른다. 반복되는 일상은 예측 가능한 것이니 거기에 나의 '재미'와 '흥미' 한 스푼만 더한다면 안정적이고 매력적인 일상이 될 것이다. 운전대를 잡고 라디오를 들으며 출근하던 어느 날, 라디오 DJ 목소리가 들려온다.

"여러분, 요즘 하늘을 올려다본 적이 있나요?"

걷는 중에도 핸드폰을 손에 쥐고 카톡과 알림을 확인하느라 바빴던 나는 언제 마지막으로 하늘을 가만히 올려보았는지 기억도 나지 않는다. 하늘은 그저 비가 오나 안 오나 정도만 잠깐 확인했던 것 같다. 라디오 DJ 멘트를 듣고 정체된 도로 위에 차를 멈추고 잠시 하늘을 올려다보았다. 가을 하늘이 정말 예쁘다. 얼마 전까지 너무 더웠는데 벌써 가을 하늘이 깔려있었다. 깨끗한 하늘 옆에 뭉게뭉게 구름이 조금씩 예쁘게 피어오르고 있다. 어쩜 이렇게 깨끗하고 예쁠까? 우리 유준이 엉덩이같이 뽀얗고 동글동글한 구름을 보니 마음이 한결 편안하고 기분이 좋아진다. 멍하니 아무 생각 없이 오른쪽에서 왼쪽으로 천천히 움직이는 구름을 가만히 쳐다본다. 하늘 위 평온함과 달리 하늘 아래 우리 시간은 너무 바쁘다. 행동의 멈춤 말고도 생각이 멈추는 시간도 필요한 법인데 매일 머릿속이 시끄럽다.

몸도 마음도 한 번씩 숨 고르기가 필요하다. 아무 생각 하지 말고 아무것도 하지 말고 잠시 멍해 있는 시간을 가져보자. 영양제 한 알보다 더 건강한 습관이 될 것이다.

새로 그린
캔버스 **그림**들

텍스처 질감이 느껴지는 새 캔버스 그림을 완성했다.
소파 위에 나란히 올려두고, 사진에 담아본다.
아이를 키워도 꿈을 잃지 말자.
행복한 엄마가 행복한 아이를 만든다.

해보기 전까지 아무도 모른다

회사와 집 그리고 육아밖에 모르던 루틴한 삶에
'꼬미홈'이 나타나면서 많은 변화가 생겼다.

루틴한 일상에 멈춰서 내가 좋아하는 것을 발견하지 못했다면 내 인생에 이런 일은 없었을 것이다. 바쁜 일상 속에서도 사진을 담아 기록하지 않았다면 아무런 일도 일어나지 않았을 것이다. 소소한 기록과 취미 생활에 꾸준한 관심과 실천이 부수입의 파이프라인이 되어 평범한 워킹맘 인생에 활력을 주게 될 줄 누가 알았겠는가.

해보기 전까지는 아무것도 알 수 없다. 움직이고 시작하라. 실패를 두려워할 필요 없다. 처음부터 잘 해낼 수는 없다. 실패도 성공도 도전이 있어야 가능한 이야기이다. 아무것도 하지 않고 걱정만 하기엔 우리 인생의 시간이 너무 아깝고 귀하다.

이미 하는 게 많으면서 아직도 하고 싶은 것이 너무 많다. 앞으로 무슨 일이 일어날까. 10년 뒤에 나는 어떤 삶을 살고 있을까. 무슨 일을 하든 어떠한 곳에 있든 행복하면 좋겠다. 인생은 마음먹은 대로 되지 않는다지만 그렇기 때문에 갑자기 언제 어떻게 화려하게 튀어 오를지 몰라 기대할 수 있는 게 인생이다. 누구에게나 주어져서 당연하게 느껴지는 우리의 삶도 선물처럼 주어진 값진 것이다.

　이 세상에 당연한 것은 없다. 주어진 시간과 삶을 잘 활용하여 예쁘게 인생을 설계해 보자. 인생의 주체는 나라는 것을 잊지 말고, 나를 위해 가족을 위해 세컨드 라이프를 준비해 보자. 생각보다 꽤 괜찮은 다음 스테이지가 지금 우리의 선택을 기다리고 있을지도 모른다. 이 책을 통해 자신의 마음을 읽고 무한한 가능성을 발견할 수 있기를 바란다. 내가 가진 무궁무진한 잠재력은 나만이 발견할 수 있다.

나오며

무엇을 하든 어디에 있든
잘 해낼 당신을 응원합니다.

"엄마, 엄마 여기 좀 보세요!"
"엄마!! 지금 딱 봐요. 이거예요."
"엄마 봤어요~?"
"엄마 배고파요~~"
"엄마 이렇게 요렇게 생긴 유준이 카드 봤어요?"

아이들은 엄마의 관심과 시선이 너무 좋은가 보다. 초등학교 3학년만 되도 달라진다고 하던데…. 제발 나 좀 부르지 말았으면 좋겠다 싶다가도 언젠가 나보다 친구를 더 찾을 아이들을 생각하니 아쉬운 마음도 들어 혼란스럽다. 몇 해 더 지나면 아이들에게도 사춘기가 찾아올 것이다. 그때는 지금과 다른 고민이 생길지도 모르겠다.

확실한 것은 아이들을 짝사랑하는 엄마가 되고 싶진 않다. 지금처럼 꿈이 있는 엄마, 성장하는 엄마가 되고 싶다. 아이들이 자라는 동안

한 번도 회사원이 아닌 적이 없었다. 중간에 육아 휴직을 했던 기간 외에 계속 일을 해왔고 늘 바빴다. 앞으로도 계속 이렇게 일과 꿈을 즐기며 살아가고 싶다. 어느 순간 아이들이 나를 찾지 않더라도 나의 마음이 짝사랑하는 엄마의 심정만 남지 않도록. 아이도 바쁘게 성장하고 엄마도 바쁘게 성장하는 그런 우리가 되고 싶다.

그렇게 각자 바쁘게 성장하다가 너무 힘들고 지칠 때면 가정의 울타리에서 서로 위로와 휴식이 되어주고 싶다. 나의 10년 후가 기대되듯 아이들의 10년 후도 기대된다. 지금보다는 조금 더 건강하면 좋겠고, 지금만큼 행복하면 좋겠다.

책을 쓰는 과정에서 생각지 못하게 눈물이 많이 흘렀다. 마치 내 안의 무언가를 쏟아내며 셀프 심리 치료를 하는 느낌이었다. 봄에 시작한 집필은 겨울이 되고 새해를 맞이하며 마무리되었다. 봄과 여름에는 책의 초반부 이야기를 다루며 아팠던 당시에 일이 떠올라 눈물이 흐르곤 했는데, 가을과 겨울에 담은 후반부의 이야기에서는 행복한 미소만 가득했다. 책에서 이야기했던 것처럼 정말 나는 점점 더 괜찮아지고 있었던 것이다. 책을 쓰면서 위로를 받고 행복을 느꼈고, 다음 인생의 스테이지를 준비할 힘을 얻었다.

쫓기듯 살아온 대한민국 평범한 워킹맘이 건강의 위기를 겪고 억대 연봉보다 더 가치 있는 세컨드 라이프를 찾았다. 그 과정에서 나도 가족도 많이 단단해지며 성장할 수 있었다. 다시는 그때처럼 아픈 기억을 만들고 싶지 않다. 앞으로 마주할 인생의 스테이지들이 기대된다. 욕심 많은 엄마의 스테이지는 끝나지 않았다.

무엇을 하든 어디에 있든 잘 해낼 당신을 응원합니다.
건강을 지키며 가정과 일 그리고 꿈을 놓지 마세요.

워킹맘, 워킹대디가 가정과 일의 양립을 이루며
행복한 꿈을 꾸는 그런 삶이 온다면 좋겠습니다.
현실이 그렇지 않더라도 우리가 그러한 삶을
포기하지 않는다면 이룰 수 있습니다.

이미 많은 것을 해낸 엄마와 아빠는
앞으로도 잘 해낼 수 있습니다.

소중한 것을 깨달은 지금, 나는 너무 행복합니다.
꼬미홈

대기업 다니는 워킹맘, 인플루언서 되다
STAGE: 인생의 다음 스테이지에서 살아남기 위한 K 워킹맘 성장기

초판 1쇄 발행 2024년 2월 27일

지은이 꼬미홈
펴낸이 장길수
펴낸곳 지식과감성#
출판등록 제2012-000081호

주소 서울시 금천구 벚꽃로298 대륭포스트타워6차 1212호
전화 070-4651-3730~4
팩스 070-4325-7006
이메일 ksbookup@naver.com
홈페이지 www.knsbookup.com

ISBN 979-11-392-1701-8(03190)
값 16,700원

ⓒ 꼬미홈 2024

- 이 책의 판권은 지은이에게 있습니다.
- 이 책 내용의 전부 또는 일부를 재사용하려면 반드시 지은이의 서면 동의를 받아야 합니다.
- 잘못된 책은 구입하신 곳에서 바꾸어 드립니다.

지식과감성#
홈페이지 바로가기